Etty Fraser

Virada pra Lua

por Vilmar Ledesma

CULTURA
Fundação Padre Anchieta

imprensaoficial

São Paulo, 2004

Ficha catalográfica elaborada pela Biblioteca da Imprensa Oficial do Estado

Ledesma, Vilmar
Etty Fraser: virada para a lua/Vilmar Ledesma. – São Paulo : Imprensa Oficial do Estado de São Paulo : Cultura - Fundação Padre Anchieta, 2004. -- 232p. : il. - (Coleção aplauso. Série perfil / coordenador geral Rubens Ewald Filho)

ISBN 85-7060-233-2 (obra completa) (Imprensa Oficial)
ISBN 85-7060-272-3 (Imprensa Oficial)

1.Atores e atrizes cinematográficos – Brasil – Crítica e interpretação 2.Atores e atrizes de teatro - Brasil – Crítica e interpretação 3. Atores e atrizes de televisão – Brasil - Crítica e interpretação 4. Fraser, Etty, 1931- I. Ewald Filho, Rubens . II. Título. II. Série.

CDD 791.092

Foi feito o depósito legal na Biblioteca Nacional (Lei nº 1.825, de 20/12/1907).

Imprensa Oficial do Estado de São Paulo

Rua da Mooca, 1921 - Mooca
03103-902 - São Paulo - SP - Brasil
Tel.: (0xx11) 6099-9800
Fax: (0xx11) 6099-9674
www.imprensaoficial.com.br
e-mail: livros@imprensaoficial.com.br
SAC 0800-123401

Introdução

Estive pela primeira vez com Etty Fraser em julho de 1990, quando escrevi uma matéria sobre *Os Pequenos Burgueses* para o jornal Shopping News. *"Fazer teatro para nós é uma postura devocional, um ato de amor. Não é ponte para nada, é nossa vida"*, ela disse na reportagem. Esse foi o primeiro encontro real, a primeira conversa, e em torno da peça da qual ela participou de três montagens e guarda um carinho todo especial. A figura de Etty Fraser, no entanto, já me era conhecida desde algum dia lá no finalzinho dos anos 60, quando, bem garoto, assistia *Nino, o Italianinho* na TV. Lembro de minha mãe comentando que D. Adelaide, a personagem de Etty era a cara de uma tia nossa. A cada nova novela que ela fazia, a comparação se repetia. Resultado: sempre que ouvia falar na atriz pensava em alguém da família.

No dia 19 de janeiro desse ano, lá pelas onze da manhã, liguei para Etty Fraser para convidá-la a participar da *Coleção Aplauso*. Falei com Dora, a empregada que há cinco anos trabalha na casa da atriz, e soube que Etty estava no supermercado. Fiquei de ligar mais tarde e, umas duas horas depois, a própria atendeu ao telefone.

Etty é daquelas pessoas que logo te deixam à vontade e em poucos minutos combinávamos um encontro para dali a dois dias para ver se *"nossos santos batiam"*. E não é que bateram?

Conversamos bastante, Etty aceitou ser biografada e foi me mostrar sua casa, peça por peça. No escritório-sala de TV, tem uma parede cheia de fotos das peças que ela fez, a maioria com o marido, Chico Martins. Ali tem uma estante, que ocupa uma parede toda e abriga seus prêmios – *Molière, Saci, Governador do Estado, Mambembe*, Etty é premiadíssima –, e os maravilhosos álbuns de recortes e fotos que documentam toda a sua carreira. Tem os álbuns da Etty e os do Chico, vários volumes caprichosamente organizados pelos dois. Nos outros cômodos, fotos, quadros e coleções variadas, como imagens de São Francisco de Assis, a maioria presenteada pelos amigos.

Etty e Chico Martins começaram a namorar nos bastidores do *Teatro Oficina* e foram casados por 41 anos *"maravilhosos"*, como ela faz questão de dizer. No meio artístico os dois se transformaram em exemplo de companheirismo e harmonia conjugal. Chico faleceu há um ano e Etty fala dele com um brilho lindo nos olhos.

"Vamos começar logo, enquanto eu estou de molho", ela me disse. É que final do ano passado, Etty Fraser caiu, deslocou o ombro e teve de abandonar *A Importância de Ser Fiel*, seu espetáculo mais recente. Etty estava se recuperando do acidente, fazendo fisioterapia e impedida de dirigir seu Gol vermelho. Aviso: se você cruzar pelas ruas de São Paulo com um Gol vermelho, com plástico de *Durval Discos*, preste atenção na senhora simpática ao volante. É Etty Fraser! E pode acenar que ela vai adorar. Ah, a cor do carro não é por acaso, vermelho é sua cor de predileção.

A primeira conversa foi marcada para dali a poucos dias e a partir de então elas se sucederam mais ou menos duas vezes por semana, em seu apartamento, na Rua D. Veridiana, em São Paulo. Começavam pelo meio da tarde e iam até ao anoitecer, ou melhor, até depois da chuva. Explico: quase todo dia tinha aquelas famosas chuvas de fim de tarde, típicas do verão paulistano. Era ligar o gravador e ir ouvindo as histórias deliciosas de Etty, que adora falar e não é de recusar assunto. Ela sentava num sofá, eu em outro de frente para ela e as horas voavam. Quando as sessões acabavam, chegava a hora de ela me oferecer Coca-Cola light com algum biscoito ou docinho, sempre na cozinha, onde o bate-papo continuava, nessas horas sem a presença do gravador.

Sempre que comento com alguém que estou escrevendo um livro sobre Etty Fraser, vem a pergunta: *"Ela é mesmo aquela simpatia?"* Sim, Etty Fraser é toda aquela simpatia e um pouco mais. Tem um astral contagiante e cultiva aquela sabedoria de só guardar da vida as coisas boas. É mais fácil achar uma agulha num palheiro que encontrar quem faça qualquer restrição a Etty quando se trata de talento, caráter, alto astral e ao seu estilo de levar a vida. E tem aquela gargalhada que virou cartão de apresentação.

Uma das fundadoras do *Teatro Oficina*, junto com Zé Celso Martinez Correia e Renato Borghi, Etty não é de ficar teorizando a respeito da profissão e construir suas personagens nunca foi uma dificuldade. Aliás, dificuldade é uma palavra que não consta do dicionário de Etty Fraser. *"Se não me apaixono pela personagem, não aceito fazer mesmo que esteja morrendo de fome"*, é assim seu método de seleção dos papéis.

Ela adora falar das peças em que trabalhou – são 25 nesses 45 anos de carreira – e de algumas lembra inclusive de certos diálogos. Etty não tem personagem e nem peça predileta, embora guarde carinho especial pela Akoulina de *Os Pequenos Burgueses*, que representou mais de mil vezes e a tresloucada dona Cesarina, de *O Rei da Vela*, montagens históricas do *Teatro Oficina*.

Das novelas da TV, ela relembra os tempos da *TV Tupi* e a convivência com pessoas como o diretor Geraldo Vietri, com quem trabalhou em *Nino, o Italianinho* e *Vitória Bonelli*, entre outras. Do programa de culinária, que apresentou por oito anos e que, apesar de ter acabado há mais de vinte anos, ainda é lembrado, fala com contenção. E não economiza palavras para *Durval Discos*, o filme que selou seu encontro com o cinema nesses 45 anos de carreira.

Quando o mês de março começou, Etty foi ao Rio gravar sua participação na minissérie *Um Só Coração*. Ficou em sua cidade natal – sim, ela é carioca e veio para São Paulo bem menina - mais de um mês e voltou na metade abril, quando nos encontramos para uma entrevista final.

Quando o livro ficou pronto, levei para ela no dia seguinte, dessa vez no final da manhã de uma sexta. E tive o prazer de assistir a um monólogo com Etty Fraser. É que ela leu mais ou menos um terço do livro em voz alta e só parou porque tinha compromisso. Na manhã da segunda, Etty me ligou para dizer que tinha *"gostado muito"* e combinamos um encontro no dia seguinte para alguns pequenos acertos. Foi assim que nasceu esse *Virada Pra Lua*.

Vilmar Ledesma
Maio 2004

A papai, mamãe, Chico e Denis, que sempre me deram amor e a quem devo tudo o que sou.

Etty Fraser

Para Zoé, minha mãe.

Vilmar Ledesma

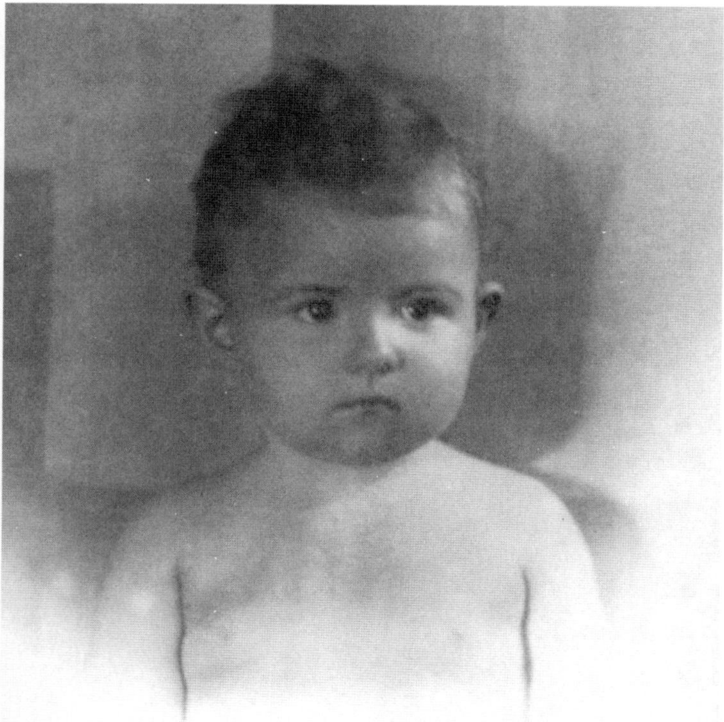

Capítulo I

Chapeuzinho Vermelho

Já representava na São Paulo do final dos anos 30, quando tinha oito anos. Representava sim, só que no teatrinho da garagem lá de casa, na Av. Brigadeiro Luis Antônio, em frente ao Parque do Ibirapuera. A casa está lá até hoje, o teatrinho durou pouco tempo. Lembro muito bem quando montamos *Chapeuzinho Vermelho*. Claro que queria interpretar Chapeuzinho, mas mamãe foi definitiva: *"Etty, você é muito gordinha"*. Tentei fazer o Lobo Mau, mas a máscara do bicho não coube em mim e o papel ficou para uma amiga, que hoje é psicanalista. Acabei representando a mãe da Chapeuzinho, a primeira de uma galeria de *mammas* que me acompanha nesses anos todos de carreira.

A tal pecinha fez sucesso, pelo menos entre a platéia formada pelos amigos e vizinhos chamados por mamãe. Era brincadeira de criança, mas eu adorava aquilo, tinha vontade de representar e já aprontava muito. Eu dançava balé e fazia minhas inovações. Em vez de *A Morte do Cisne*, dançava *A Morte do Pato*, de maiozinho preto e uma pena preta do chapéu de mamãe enfiada no rabo.

Esse teatrinho é uma das boas lembranças da minha infância e o cenário que representa o início de minha paixão pelo teatro. Tinha um palquinho onde se subia por uma escada, bancos, cenário, figurino. Era muito jeitoso e foi construído por mamãe e tio Babão para a festa de aniversário de quatro anos da minha irmã. Mamãe era uma mulher muito inteligente e bolou todo o projeto do teatro com seu irmão, que era só dois anos mais velho que ela. Tio Babão era como a gente chamava carinhosamente o médico Abrahão Akerman, um homem que se interessava por várias coisas, de futebol a literatura. Foi titio quem pintou todos os cenários de nosso teatrinho.

Vivienne, que é o nome da minha única irmã, nunca gostou de teatro. Para seu "histórico" aniversário de quatro anos, ensaiamos o poema *O Saci*. Era assim: *"Eu fui no mato, sabe o que eu vi? Um bicho feio: era o Saci. Ele tinha vindo com muito estalo, montado no seu cavalo"*. Pois bem, apresentada por mamãe, a aniversariante subiu ao palco e declamou: *"Eu fui no mato, sabe o que eu vi?"*. Vivienne parou, olhou para todos os lados, começou a chorar e com uma voz embargada, disse *"eu não vi nada"*. E nem uma palavra mais ela falou. O teatrinho era uma beleza, mas teve pouca duração, pois papai precisava guardar o carro que, aliás, ele havia comprado depois de ganhar na loteria, mas isso é história para mais adiante.

Loja de Modas de Leão Akerman (avô Materno), no Rio

Capítulo II

Dois Estrangeiros no Rio

Papai e mamãe viveram uma dessas movimentadas histórias de amores contrariados. Ambos estrangeiros, eles se encontraram no Rio de Janeiro e precisaram bater o pé para superar os obstáculos e partilhar uma vida a dois. Anna Mindala Fraser, mamãe, nasceu na Polônia e chegou ao Brasil com seis meses de idade, em 1911, acompanhada pelos pais e o irmão Abrahão. Julio Conrado Fraser, meu pai, era filho de escocês com argentina, morava em Buenos Aires e chegou por aqui bem mais tarde, quando mamãe já era mocinha.

Mamãe era judia e meu pai, católico. Essa diferença de religiões quase pôs fim ao romance. Um olhar rápido na história da família situa melhor as coisas. Meu avô materno chamava-se Leão Akerman e veio para o Brasil – a convite, pagando passagem, e não como imigrante, como fazia questão de dizer – trabalhar numa grande firma de confecção. É que a irmã dele se apaixonou, na Polônia, por um político brasileiro e quando veio para o Brasil com o amado, trouxe meus avós, minha mãe recém-nascida e o meu tio, que era bem garotinho.

Muito competente dentro de sua profissão, com o tempo vovô conseguiu montar uma grande loja de modas no Rio de Janeiro. Como todo bom judeu, os filhos tinham que ser muito bem educados, muito bem criados, e mamãe e titio freqüentaram os melhores colégios cariocas e mais tarde foram para Paris. Tio Abrahão foi estudar medicina e tornou-se um grande neurologista e mamãe estudava comércio na *Sorbone*.

Em 1929, uma tragédia abalou a rotina serena da família polonesa já adaptada ao ritmo de vida carioca. Grande nadadora, minha avó Etta adorava o mar e dava suas braçadas na Praia do Flamengo. Meu nome é homenagem a ela e o "*y*" entrou para torná-lo mais suave. Num dia ensolarado, enquanto atravessava a rua em direção à praia, vó Etta foi atropelada e morta. Vovô não ficou sabendo, pois estava no navio, voltando de uma daquelas viagens habituais que ele fazia a Paris para renovar o estoque da loja. Envolvida com os estudos, mamãe era amiga do pessoal da embaixada brasileira e passava por lá para ler os jornais daqui e ficar em dia com as novidades. E foi pelo jornal que ela ficou sabendo da morte da mãe. Imediatamente entrou em contato com o pai e ouviu:

"Você vai ter de voltar para me ajudar. Sozinho não dou conta de tudo e teu irmão está no último ano de medicina, não posso tirá-lo".

Mamãe largou os estudos e voltou para o Brasil. Vovô vendeu a casa da família e foi morar com a filha num hotel, na Praia do Flamengo. É nesse hotel que os caminhos de papai e mamãe vão se cruzar. Meu pai veio para o Rio trabalhar na *Companhia Imperial de Indústrias Químicas do Brasil*, uma multinacional inglesa. Na agitação do início dos anos 30, o hotel era cenário de concorridas festas dançantes e meus pais eram freqüentadores assíduos.

Pode parecer estranho, mas quem bancou o cupido foi vovô. Ele sempre dizia para a filha *"Olha aquele moço tão simpático. é argentino e está sozinho. Por que você não o convida para dançar?"* Entre danças e contradanças, em pouco tempo, os dois jovens estavam apaixonados. Ela tinha 19 anos e ele, 21. Papai foi pedir a amada em namoro e meu avô não quis nem saber: *"Imagine, argentino e católico. De jeito nenhum"*. Para acabar de vez com o romance e evitar complicações, mandou a filha de volta a Paris. A oposição do vovô só serviu para fortalecer o romance dos dois, que trocavam cartas apaixonadas. O amor proibido contava com a ajuda do tio Abrahão, que achava um absurdo a postura do pai. Para voltar ao Brasil e reencontrar seu namorado, mamãe foi criativa: inventou uma paixonite por um brasileiro em terras parisienses e jurou que o romance com o *"católico"* era coisa do passado. Quando voltou ao Rio, papai já não morava mais naquele hotel, mas eles continuaram a se ver e logo marcaram o casamento. Foi uma cerimônia só no civil, às escondidas do pai da noiva, e contou com a ajuda de amigos que juraram que mamãe era maior de idade. Ela tinha só 19 anos e não poderia casar sem a autorização dos pais. Eles se casaram no dia 6 de julho de 1930, mamãe voltou para o hotel onde morava com o pai, e ficou esperando o passaporte ficar pronto. Uns quinze dias depois, os pombinhos embarcaram para a Argentina.

Papai deixou um mensageiro encarregado de entregar, assim que o navio tomasse seu rumo, uma carta com a cópia da certidão de casamento na loja do vovô.

O portador atrasou-se e como a loja já estava fechada, pôs a carta embaixo da porta. No hotel, vovô esperava pela filha, que não chegava nunca, até alguém lhe contar que ela tinha se casado e ido embora. Ele ficou doido e de mãos atadas, pois o navio já estava em alto mar.

Mamãe ficou um mês na Argentina, a família do marido a adorou e assim que voltaram para o Brasil ela telefonou: *"Pai, nós estamos de volta e queremos visitá-lo"*.

Ouviu um *"Na minha casa só entra a minha filha"*, mas não se deixou abater: *"Eu sinto muito, mas a sua filha agora chama-se Sra. Fraser e ela só entra aí com o Sr. Fraser"*. Meses depois, meu avô Leão soube que a filha estava grávida, me esperando. Era quase meio-dia, a campainha tocou, mamãe abriu a porta e lá estava ele parado, com uma cara amigável, carregando um urso imenso e um monte de pratos de doce. *"Tem lugar para mais um na sua mesa?"*, ele disse. Acabou a briga, e eles ficaram amigos para a vida toda. A notícia do meu nascimento promoveu as pazes da família. Foi assim mesmo: já na barriga da mamãe eu promovi a concórdia da família.

As dificuldades para se casar só contribuíram para unir meus pais, que eram muito apaixonados e viveram juntos 56 anos. Mamãe era gordinha, não gordona feito eu, e media 1,60m. Mulher fina, se vestia muito bem e era muito discreta. Completamente diferente de mim, que sou mais parecida com papai, que era gozador e adorava uma anedota.

A gargalhada dele era ainda mais forte do que a minha. Homem muito alegre e charmoso, meu pai se vestia muito bem, como todo bom argentino. Não era alto, no máximo 1,70 m, e sempre gostou de praticar esportes. Quando jovem era o remo, depois passou para o tênis até descobrir o golfe, que era uma de suas paixões.

Capítulo III

Carioquinha na Paulicéia

Nasci em 8 de maio de 1931, na maternidade carioca *Pró-Matre*. Sempre fui gordinha e muito querida pela família. Andava muito bem vestida, com as roupas da loja do vovô, que ele confeccionava especialmente para a neta querida. Chiquetérrima, na rua diziam que eu parecia Shirley Temple, a atriz mirim dos cachos e covinhas que era mania no mundo daqueles anos. Tive uma infância privilegiada, típica de uma menina classe média carioca, adorada pela família. Bem garotinha, mamãe dizia que com um ano, papai me levava para o mar, punha a mão no meu rostinho, pegava ondas grandes e eu saia d'água dizendo *"qué mais, qué mais"*.

Os acontecimentos que viriam a gerar a Segunda Guerra provocaram a falência do vovô, que perdeu tudo e viveu às custas do meu pai até morrer. Ele adorava o genro e a oposição ao casamento

era assunto morto e encerrado. Papai veio transferido para São Paulo quando eu tinha seis anos. Tive que me despedir das praias cariocas e descobrir uma nova cidade. Fomos morar na Brigadeiro Luis Antônio e descobri aquela imensidão verde, cheia de charcos, pássaros, flores e mistérios que viria a se transformar no *Parque do Ibirapuera*. Em breve mudaríamos para uma casa maior, e de propriedade da família, na mesma rua.

Essa é uma bela história. Mamãe conhecera na França um hindu que lhe disse *"compre um bilhete de loteria todo ano"*. Era quase ritual: todo fim de ano, ela e papai adquiriam um bilhete. No final de 1937, os Fraser ganharam a sorte grande num Natal que entrou para a história da família.

O prêmio de 100 contos era muito dinheiro. Eles compraram a tal casa que viria a sediar o teatrinho na garagem que marcou a minha infância. Mobiliaram a casa, compraram um carro e papai continuava na multinacional inglesa.

Na São Paulo do final dos anos 30, os filhos das famílias da alta sociedade eram mandados para escolas católicas, como o *Des Oisaux* e o *Assunção*. Meus pais me colocaram no *Ginásio Elvira Brandão*, que também era católico, mas sem religião obrigatória. É um colégio que tem mais de cem anos, hoje se situa em Santo Amaro, e naqueles tempos ficava na Al. Jaú, entre a Rua Augusta e a Padre João Manuel, pertinho da Av. Paulista. Era um prédio quadradão, tinha o portão e escadarias.

Lembro bem da rixa entre paulistas e cariocas. Tinha muito disso. Os bondes camarões, que eram aqueles fechados e vermelhos, exibiam

Com meu pai, minha mãe e minha irmã, Vivienne

com destaque a inscrição: *"São Paulo, o maior centro industrial da América Latina"*.

Como única carioca da escola, esse slogan era jogado na minha cara pelas colegas, que eram de um bairrismo exacerbado. Numa aula de geografia, escrevi uma resposta no quadro negro *"e o Rio de Janeiro é a cidade mais bonita do Brasil"*. Fingia que me importava, mas não estava nem aí. Era brincadeira de criança, em pouco tempo estava adaptada à cidade e amiga de todo o *Elvira Brandão*.

"O mundo vai acabar hoje. Às onze da manhã vai descer um dragão cuspindo fogo e queimar tudo". Ouvi essa barbaridade de um colega do primeiro ano e fiquei completamente apavorada. Não conseguia pensar em outra coisa.

Lá pelas dez da manhã, a diretora apareceu e ficou conversando na porta da sala de aula com nossa professora, D. Maria Gorda. *"Ele vai chegar às onze"*, ela disse e eu imediatamente abri o maior berreiro. Fui parar na sala da diretora que tentava todos os expedientes para me consolar. Horrorizada, só queria ir para casa morrer com os meus pais e nem atinava quando a mulher dizia: *"Não existe dragão nenhum. Quem vai chegar às onze é o inspetor de ensino"*. Mas quem disse que eu acreditava e berrava cada vez mais. De repente, ela me mandou olhar o relógio no alto da parede: já passava das onze e o mundo não tinha acabado.

O *Elvira Brandão* era um colégio pequeno. A gente jogava queimada, mas não tinha basquete, esporte, essas coisas. Era misto até o quinto ano. Depois vinha o ginásio, só para meninas.

Muita gente conhecida passou por lá: Paulo Autran, Célia Biar, Paulo Maluf, Eva Wilma, João José Pompeu. Paulo Autran é mais velho e freqüentou o colégio antes de mim, mas Maluf tem a minha idade e fomos colegas de classe.

Eva Wilma estudou com minha irmã.

O ônibus que me deixava na esquina do colégio pegava a Av. Brasil e depois subia a Augusta. Mais tarde, quando era maiorzinha, uns 12 anos, saía do colégio e pagava sorvete para toda classe, com o dinheiro da mesada. Depois vinha para casa a pé, caminhando a Rua Augusta inteirinha e a Av. Brasil até a Brigadeiro, para não engordar.

Em plena Guerra, no ano de 1940, papai foi transferido de volta para o Rio, onde ficamos por três anos. Papai tinha se alistado como voluntário, mas um problema no coração o deixou longe dos campos de batalha. Para que o marido não fosse sozinho, mamãe alistou-se como enfermeira. Ela ficou trabalhando no *Hospital Miguel Couto* e dividia seu salário entre as colegas. Fui estudar no *Anglo-Americano*, na praia de Copacabana, de frente pro mar. As aulas de ginástica eram na areia, de calçãozinho. Eu era muito bonitinha, paparicada e bem gulosinha. Só saíamos às três da tarde e almoçávamos no colégio.

Nunca esqueci o gosto da torta de goiabada daqueles almoços. Cada aluna tinha direito a um só pedaço e um funcionário me dizia: *"Vai lá atrás na porta da cozinha que eu te dou outro"*. Isso é uma das coisas constantes na minha vida, conseguir as coisas com as pessoas sem muito esforço. E continua até hoje. Quando preciso fazer exames nos laboratórios do meu plano de saúde, na segunda vez que apareço por lá já "mando" em todo mundo, consigo que a enfermeira marque os exames no próprio dia. Desde pequeninha eu conseguia "comprar" as pessoas, com o meu jeito. Coisas do meu temperamento. *"Essa nasceu virada pra lua e vai se dar bem na vida"*, minha mãe sempre dizia.

Depois de três anos na cidade maravilhosa, regressamos outra vez para São Paulo, com o mundo ainda em guerra. Fui cursar o segundo ano ginasial no *Elvira Brandão*. Éramos 41 colegas na formatura do ginásio, em 1945, e a gente continua em contato mesmo depois de tantos anos. Eu e outra colega, Flávia Gasparian, costumamos reunir a turma. O último encontro foi para completar 50 anos da formatura, no *Clube dos Ingleses*, daqui de São Paulo. Nesses anos todos só morreram duas. Volta e meia sei de notícias de minhas antigas colegas. Anne Clair, que era suíça, voltou para sua terra depois que acabou o colégio. Dalva Funaro Gasparian casou-se com o Fernando Gasparian, que era irmão de outra colega e durante um congresso na Suíça, soube que uma menina que tinha estudado no Brasil, estaria no coquetel. Adivinhe quem era? Anne Clair, que disse assim para Dalva: *"Não me lembro de você. Só me lembro de duas gordinhas"*, que era eu e a cunhada da Dalva.

Na nossa volta a São Paulo é que a família começou a se aproximar da colônia judaica, através de um colega do papai na firma, que também era judeu, e nos apresentou para as irmãs dele. Em pouco tempo, ficamos muito amigos de famílias tradicionais da comunidade judaica paulistana, como Teperman e Feffer. Meu pai era sócio do *Clube dos Ingleses*, ali pertinho da Consolação, e fiz muitos amigos por lá.

Saia xadrezinha preto e branco, blusa branca com gravata vermelha, suéter vermelho e um casaquinho xadrez preto e branco, boina e luvas brancas. O uniforme da escola era uma beleza. A gente chegava na porta, abria a pasta e uma funcionária conferia as lições do dia, para não poder colar. Eu encontrava com as colegas na esquina e copiava tudo lá no barzinho, onde tomava sorvete na saída.

O colégio era muito rígido. A diretora era severa, mas o filho dela, que era professor de português, Caio Brandão Caiuby, foi um dos primeiros atores do *TBC*, vivia falando de teatro e foi me influenciando muito. Eu adorava biologia, tanto que quase fiz faculdade de biologia, e também gostava muito de história. Como a gente falava inglês em casa, eu era a primeira da classe nessa matéria. Odiava matemática com toda a força da minha alma. Fui uma aluna vagabunda, a última da classe, muito conversadeira, falava muito, batia papo demais, era bem levada. Inventava coisas, fantasiava que o professor de português gostava de mim, que tinha me pedido em casamento. O gozado é que quando fui para o colégio interno na Inglaterra, dois meses depois, eu era a primeira da classe. Isso mostra a qualidade de ensino do *Elvira Brandão*. Eu era relapsa e quando cheguei na Inglaterra fui uma das primeiras.

Com meu pai, minha mãe e minha irmã, Vivienne

Novamente, o álbum de família

Estudando, na Inglaterra

Capítulo IV

Na Terra da Rainha

Em 1945, acabei o ginásio e no começo do ano seguinte fui com minha irmã para um colégio interno na Inglaterra, em Luton, no condado de Hardfordshire. A Guerra tinha acabado há pouco e a Europa estava em ruínas, mas isso não intimidou meus pais. Ficamos três anos lá. O colégio tinha sido um antigo castelo, freqüentado pela Rainha Elizabeth I quando em caçadas. Depois funcionou como convento até virar o tal colégio. Nós tínhamos aulas normais, aulas de teatro, equitação, hóquei.

Éramos quatro brasileiras – eu, minha irmã, e duas amigas –, consideradas milionárias e vistas como filhas de fazendeiros de café. É que a lista das coisas necessárias que nos mandaram era antiga, de antes da Guerra, e levamos tantas roupas que nos tomaram por milionárias. E tem mais: claro que os ingleses achavam que no Brasil as cobras andavam no meio da rua.

Sem a menor intenção de desmentir tal heresia, a gente fantasiava e contava histórias fantásticas de deixar a inglesada esnobe com os cabelos em pé.

A diretora do requintado colégio parecia saída das páginas do livro *O Amante de Lady Chatterley*. Era uma senhora com idade avançada, uns 65 anos, muito magra, corpo bonito, usava uns vestidos esvoaçantes, chapéu de palha, e tinha dois cachorros pequineses horrorosos. Quando chegamos lá, ela mandou o motorista nos buscar e o cara ficava piscando o tempo todo só com um olho. *"Ele está querendo namorar a gente"*, foi logo dizendo minha amiga Ilka. Depois é que fomos perceber que as piscadelas eram resultantes de um ferimento de guerra, um cacoete.

O motorista tinha trinta e poucos anos, era bonito, e não falava um bom inglês, critério para saber se a pessoa é instruída ou não. Com duas semanas por lá, descobri que a diretora chique e o chofer eram amantes.

Nem precisei bancar a Sherlock Holmes de saias. Simplesmente bati à porta, ouvi um *"entre"* (*"come in"*) que ela não disse e flagrei a inglesa passando as mãos nos cabelos do rapagão. Ela pensou que eu não tivesse percebido, mas se esqueceu de um detalhe: eu era brasileira e nada bobinha. Elementar.

Outro bonitão, o cozinheiro do colégio era presidente do clube de esperanto e declamava Shakespeare em esperanto. Toda hora tinha uma menina desmaiando na porta da cozinha para ele carregá-la nos braços. Também eram atração os três funcionários alemães prisioneiros de Guerra. Era um tal de menina aparecer grávida, inclusive uma empregada do colégio, que foi mandada embora. Os varões ficaram, claro, afinal era uma escassez de homem naquele início da libertação da era vitoriana.

Nunca foi difícil me adaptar em lugar nenhum. E na Inglaterra, falávamos bem a língua, o que facilitou bastante. Eu me correspondo até hoje com cinco meninas de lá.

Pelo menos cartões de final de ano. Uma mora na Suíça, duas nos Estados Unidos e duas na Inglaterra. E quando me dá saudade, ligo para conversar.

No colégio, tínhamos aulas de teatro, de voz. Íamos ao teatro e estudávamos antes a peça. Era um colégio normal, não escola de teatro. Quando chegou o rigoroso inverno inglês, formamos um clube de teatro, do qual virei presidente. A gente representava, fazia as roupas, cenários, tudo. No fim do colégio, às vésperas de voltar ao Brasil, a professora me chamou: *"Você leva jeito e devia fazer uma escola de teatro no seu país"*.

Naquela época, os brasileiros não costumavam viajar para a Inglaterra e quando iam estudar fora, geralmente o destino era a França. Resultado disso: a tal diretora-amante-do-motorista me exibia como raridade para as ladies que apareciam por lá: *"Etty, mostre-lhes a beleza de sua língua"*. Debochada, eu dizia coisas ao estilo de *"Ah, meu Deus, essa vaca tá me enchendo o saco"* e desfilava meu estoque de palavrões. As outras brasileiras quase morriam de rir e tinham que sair de perto. Deve ser por isso que até hoje falo tanto palavrão. Certo dia, ela me chamou para ser apresentada à nova professora de francês. Depois de ouvir a frase educadíssima *"mais uma pra me encher o saco"*, a moça falou graciosamente que tinha vivido um bom tempo em Portugal. Eu gelei, mas acabamos ficando amigas.

Tinha várias colegas francesas e fiz muitas peças na língua de Molière, inclusive *O Burguês Fidalgo*, onde representei o papel título. Cheguei no colégio doida para representar e estavam montando uma peça que se passava na paisagem lúgubre das montanhas da Escócia. Eu queria entrar e não tinha papel. A professora achou um: eu só tinha que soprar como se fosse o vento. E vinha escrito no programa: *Etty Fraser: The Wind* (o vento). Depois, eu fiz Lady Macbeth, a ama do Romeu e Julieta. Na Inglaterra, o pessoal tem um amor incrível pelo teatro. Em Londres, você vê aquelas velhinhas sentadas nas primeiras filas para ouvir bem, com uma lanterninha, seguindo os atores falando a peça.

Vivienne, minha irmã, continuava não gostando de representar. Depois daquela tentativa desastrada de declamar *O Saci* na festinha de seus quatro anos, ela nunca mais entrou no palco. E olha a ironia do destino: acabou casando com um ex-ator americano, James Colby. Formada em economia, Vivienne ganhou uma bolsa para estudar nos Estados Unidos, onde conheceu o marido. Depois vieram pro Brasil e meu cunhado trabalhou um pouco no *Teatro Oficina* e depois foi para Belo Horizonte, a convite de Haydée Bittencourt. Mais tarde, ele fez musicais da Broadway no *Gradued School* e no *Chapel School*, escolas americanas de São Paulo e Vivienne trabalhava nos bastidores.

Capítulo V

Nobreza e Estrelas

Minhas colegas de internato, a inglesa Dawn Addams e a francesa Nicole Courcel, se tornaram atrizes e bem conhecidas. Filha de inglês com americana, Dawn era linda, estudou teatro, foi contratada da *MGM*, trabalhou em vários filmes, e fez a mocinha em *Um Rei em Nova York*, do Charles Chaplin. Nos anos 50, ela abandonou a carreira e se casou com um príncipe italiano, Vittorio Massimo. O casamento foi daqueles de conto de fadas, ela era badaladíssima e volta e meia estava na capa de revistas prestigiadas, como Time e Life.

Dawn esteve no Brasil assim que saiu do colégio. Procurou mamãe, que foi muito gentil com ela, e de volta à Inglaterra foi nos visitar na escola, disse que tinha adorado o Brasil. Vinte anos depois, na Europa com *O Rei da Vela*, dei um pulo até Londres e resolvi ligar para Dawn.

"Quem quer falar com Miss Addams?", disse a secretária que atendeu. *"Ah, Etty Fraser, do Brasil, amiga da escola"*. *"Um momento, por favor"*. Passaram-se alguns segundos, a mulher voltou e disse que Miss Addams não conhecia nenhuma Etty Fraser do Brasil. Contei até dez e deixei um recado para Miss Addams. Com meu inglês impecável mandei ela se ferrar. Mas continuo achando que a secretária não disse quem eu era. Dawn Addams morreu uns anos depois, bem moça, e de câncer. Não era uma atriz talentosa, mas era uma mulher belíssima.

Não tão exuberante quanto Dawn, Nicole Courcel também era muito bonita. Ela desenvolveu uma longa carreira no cinema francês, com algumas passagens por Hollywood e continua na ativa. Em Paris, na mesma viagem em que tentei contatar Dawn, disquei o número da Nicole. A mãe atendeu e disse que ela estava fazendo um filme perto de Cannes. Pouco tempo depois, Nicole me ligou, convidou para visitá-la na filmagem. Disse que estava com *O Rei da Vela* no *Festival de Nancy*, e ela lamentou não poder assistir.

Conversamos um tempão. Um ano depois, ela passou por aqui, a caminho do Uruguai, onde ia fazer um filme, e me ligou do aeroporto. Nicole trabalhou em muitos filmes, como *A Aventura é Uma Aventura*, do diretor francês Claude Lelouch. Nunca vi as peças dela, só os filmes, mas uma amiga que assistiu disse que é uma ótima atriz.

Dizem que ir a Londres e não ver a Rainha... Pois é, eu vi a Rainha. Estava com a minha mãe e minha irmã na loja Harrods e de repente todos começaram a se abaixar fazendo reverências: era a Rainha com as duas princesas. Foi um acontecimento, estava louca para ver Sua Majestade e minha mãe, sempre pé no chão, foi logo dizendo: *"Ela faz cocô e xixi igualzinho a você"*. Mamãe acabava logo com essas coisas.

Muito tempo depois, nos anos 70, em viagem pela Europa com meu marido Chico Martins, encontrei outro membro da família real, o príncipe Charles. Dessa vez o contato foi mais próximo e divertido.

Fui visitar minha amiga Patty, nascida no Brasil, filha de argentina com irlandês, que trabalhava naquelas casas nas montanhas da Suíça. Ela foi trabalhar num chalé que pertencia a um cara que era campeão de esqui, muito amigo do príncipe Charles. E o príncipe ia sempre na fazenda, que tinha uma casa maravilhosa do século XVII. Quando eu fui pra Inglaterra, levei o Chico lá para passar o domingo. O príncipe estava por lá e sem a Diana, que estava grávida do primeiro filho. Ao sermos apresentados, ele me disse: *"Ah, você que é a famosa atriz brasileira que a Patty fala"* e a bobona aqui respondeu: *"Sou, e você é o famoso príncipe Charles?"* Minha amiga quase morreu de rir e disse que nunca tinha ouvido bobagem maior. Simpático, muito simpático, o príncipe almoçou e depois foi embora jogar pólo.

Para terminar com as celebridades das minhas primeiras andanças inglesas, vou contar dos olhos mais incríveis que já vi. Pouco antes de voltar, fui à Suíça passar férias na casa de uma amiga. Quando olhei para uma menina sentada quase do meu lado no avião levei um susto, ela tinha os olhos de uma cor que eu nunca tinha visto, um violeta impressionante. Lindíssima, quase da minha idade. Conversamos um pouco e ela me disse que era Elizabeth Taylor. Eu nunca tinha ouvido aquele nome, mas ela tinha jeitão de estrela sim. Quando voltei a Londres nos anos 70 ela estava fazendo *Little Foxes* no teatro, mas o pessoal me dizia para nem ir porque ela estava muito ruim. Eu preferi acreditar na voz do povo e não assisti Liz Taylor.

Capítulo VI

Professora de Inglês

Voltei para São Paulo no finalzinho dos anos 40 - 1948, para ser bem exata. Na cabeça, o bichinho do teatro já estava se desenvolvendo, principalmente depois da semente plantada pela professora inglesa que aconselhara *"Você leva jeito, devia tentar o teatro em seu País"*.

Uma das novidades na paulicéia era a *Escola de Arte Dramática*, a *EAD*, que depois de ter iniciado suas atividades numa sala de aula do externato *Elvira Brandão*, funcionava ali na Rua Maranhão, no bairro de Higienópolis. Ficava longe da minha casa, pois os Fraser tinham se mudado para a Chácara Monte Alegre, ao lado da Chácara Flora. Era um lugar cheio de pássaros, plantas e jardins, tudo muito lindo, mas ônibus só de hora em hora. Como as aulas da *EAD* eram à noite, papai me desaconselhou a entrar direto, inclusive pela dificuldade de locomoção. Lembre, eu ainda nem tinha 18 anos. Papai me sugeriu fazer o colegial para ganhar mais cultura e depois sim entrar na *EAD*. Aceitei na hora. Sabe quando você sabe que aquilo que quer na vida vai acontecer? Eu tinha essa certeza.

A Secretaria de Educação reconheceu o meu diploma de Cambridge e obtive licença para lecionar inglês no primário. Fazia o colegial e dava aulas na *Cultura Inglesa* de Higienópolis e no *Ofélia Fonseca*. Fui professora de inglês durante sete anos. Minha casa era bilíngüe, português com mamãe e inglês com papai, e tenho passaporte britânico. Em 1952, os Fraser passaram a morar em Higienópolis, bairro de ruas arborizadas e lindas mansões. Nosso apartamento era na Rua Sabará e foi escolhido pela localização: pertinho da *USP*, do *Mackenzie* (onde lecionei muitos anos) e da *Cultura Inglesa*.

Terminei o colegial, entrei para a faculdade e ganhei uma bolsa de estudos para professora de inglês da *União Cultural Brasil Estados Unidos*. Passagem de ida e volta e 300 dólares por mês para estudar na *Universidade de Washington*. Durante os dois primeiros anos era aula de doutrinação americana. Imagina se eu precisava disso? A tal companhia inglesa onde papai trabalhava tinha se juntado com uma empresa americana, eu lia *Time*, *Life* e o chamado *american way of life* não era segredo nenhum para mim. A professora disse que eu estava incomodando, que sabia demais, e fiquei liberada para fazer o que queria nesses dois anos. Era 1957. Fui estudar televisão, eram os primeiros cursos do veículo em escola. A gente ia para o estúdio, via como os professores davam a aula e se alguém não soubesse eles explicavam. Eles estavam implantando esse método de estudar pela TV na escola.

Depois desse curso, viajei pelos Estados Unidos. Fui para o Novo México tirar fotografias das montanhas rochosas, conheci o Grand Canyon. Brasília estava sendo construída, eu tinha levado fotografias, e era convidada a dar palestras sobre o Brasil. Era uma espécie de intercâmbio mesmo. Eu fiquei no estado de Wyoming na casa de uma família, com marido, mulher e dois filhos. Faz pouco eles me mandaram um cartão de natal, com a família toda, hoje com catorze pessoas. Quando fui para Washington tinha um namoradinho. Na universidade eu era mais velha, os meninos tinham uns 17 anos. Nunca tive grandes paixões até conhecer Chico Martins, meu marido. Nossos caminhos se cruzam logo, logo...

Sempre viajei de navio e aquela ida para os Estados Unidos tinha sido minha primeira num avião rumo ao exterior. Mas não queria voltar pra casa de avião, pois sobrara um bom dinheiro da bolsa de estudos e eu comprei casacos, máquina de escrever, radinhos, um monte de tralhas, que acomodei numa mala grande e queria trazer comigo. Comprei passagem num navio cargueiro, que tinha seis camarotes.

Antes de voltar ao Brasil, dei uma passada por Nova York, de onde partiria meu navio. *My Fair Lady* fazia sucesso na Broadway, com ingressos esgotados, mas decidi que assistiria.

Na véspera de embarcar para o Brasil, fui para a frente do teatro com 120 dólares no bolso, tudo o que tinha restado de minhas andanças americanas. De repente alguém me oferece uma entrada por 100 dólares, uma fortuna naqueles tempos. Comprei na hora e entrei toda alegre no teatro. Só me restavam 20 dólares, mas o navio iria zarpar na manhã seguinte e eu queria muito assistir a peça. Com as músicas de *My Fair Lady* na cabeça, deparei com um recado na volta ao hotel: o navio estava atrasado, demoraria uns dois dias. E eu só com 20 dólares.

Mal consegui pregar o olho a noite toda e de manhã, bem cedo, fui tomar o breakfast, aquelas panquecas e café com leite. Sentada lá, pensando no que fazer para arranjar dinheiro, descubro dois brasileiros do outro lado do balcão. Na típica descontração de brasileiros no exterior, falavam que uma mulher que estava por ali era muito gostosa, peitão, bunda, aquelas coisas que homens dizem quando acham que ninguém está entendendo. Fui até os dois e disse bem séria e em português: *"Olha, acho bom vocês pararem"*.

Eles tomaram um susto, pediram desculpas, e começamos a conversar. Contei que estava com bolsa de estudos, que era professora de inglês e dava aula na *Cultura Inglesa* de Higienópolis. Os dois caras eram de São Paulo e acabamos descobrindo que eu professora do irmão deles. Contei que torrara minha grana e eles me emprestarem 100 dólares, com os quais passei os dois dias à espera do navio.

Capítulo VII

O Bichinho do Teatro

De volta a São Paulo e às minhas aulas de inglês, vivia falando que tinha representado na Inglaterra e que adorava teatro. Albertina Costa, minha aluna, me convidou para assistir a uma peça que estava sendo encenada por um grupo de amigos do namorado dela. Era uma turma da faculdade de Direito que estava num pequeno teatro da Rua Jaceguai chamado *Novos Comediantes* com as peças *Vento Forte Para Papagaio Voar*, do José Celso Martinez Correia, e *A Ponte*, do Carlos Queiroz Telles, ambas na linha psicológica do Tennessee Williams. Adorei a direção, subi ao palco para cumprimentá-los e nem me passava pela cabeça que a partir dali minha vida iria sofrer uma forte mudança.

Foi nessa noite que eu conheci José Celso, Renato Borghi (que era o namorado da minha aluna), Amir Haddad, a turma toda de estudantes de

Direito, que formaria em pouco tempo o *Oficina*, um belo momento na história de nossas vidas e do teatro brasileiro. Zé Celso me convidou logo para um teste para o papel principal de uma peça que eles iriam apresentar no *Festival de Estudantes*, em Santos, que era organizado pelo Paschoal Carlos Magno. Rapaz bonito e muito inteligente, Zé Celso me impressionou assim que começamos a conversar. Era um menino de 20 e eu uma professora de 27. Zé Celso, Amir, Renato e eu ficamos amigos. Gostei deles de cara como se fossem meus filhos. Qualquer dor de cabeça, eles iam bater lá em casa, me chamavam para conversar: eu era a mãe.

Não esqueço a data do teste – 8 de maio de 1959, dia do meu aniversário, numa casa na Av. Higienópolis, pertinho de onde eu morava. Zé Celso tinha escrito *A Incubadeira* bem de acordo com o espírito existencialista do final dos anos 50, e precisava estrear um mês depois. Ganhei o papel porque não tinham outras concorrentes. Eram todos bem jovens, ali pelos 20 anos, e eu que acabara de completar 28 e gorda podia tranqüilamente interpretar uma mulher perto dos 40 e mãe de um garoto. Amir Haddad era o diretor e ensaiávamos na Rua Santo Antonio, num espaço que era do pai do Jorge de Cunha Lima e tinha sido uma velha quitanda. Enquanto o imóvel não era alugado, nós tínhamos nosso espaço.

Com Renato Borghi em A Incubadeira

Em julho fomos para Santos participar do *2º Festival Nacional de Estudante*. Era um evento bacana – o primeiro fora em Recife – mas durou só quatro edições. Lá conheci muita gente, a classe artística e o pessoal da *EAD*, além de pessoas que depois se tornaram amigos íntimos, como Elizabeth Hartman, que estava com um grupo do Rio Grande do Sul. *A Incubadeira* estreou no palco do *Teatro Independência*, fez bastante sucesso e ganhei o prêmio de melhor atriz.

A Incubadeira conta a história de Tarciso (Renato Borghi), rapaz que sofre de asma desde pequeno e vive cercado de carinhos excessivos por parte da mãe e da família. Para escrevê-la, Zé Celso baseou-se em várias pessoas da família dele, de Araraquara. Minha personagem se chamava Alzira, uma dona de casa, que tentou engravidar várias vezes, sempre impedida por abortos naturais. Um filho vinga (*"este vai nascer, não vai ser como os outros"*, é uma de suas falas) e ela o cria da maneira mais dominadora. No início do espetáculo, ela e o marido estão vindo para São Paulo, onde o rebento adorado fará cursinho para a escola politécnica. O garoto sofre de asma, daquelas terríveis, e tem uma caixinha de remédio para a doença (ainda não existiam as bombinhas). Gozado é que eu sofria de asma desde que vim morar em São Paulo. Era PHD na doença e passei a prestar consultoria para o Renato. Devo ter sido ótima, pois ele ficou com asma durante uns seis, sete, anos.

Um dos momentos mais fortes de *A Incubadeira* é o aniversário de 18 anos do garoto, que acabou de entrar na faculdade. Ele está com os colegas diante de uma mesa cheia de doce e a mãe vem com o bolo, coloca diante do seu rosto e, com o fogo das velinhas, provoca um ataque de asma. Angustiado, o garoto quebra a caixinha e sai com os amigos que levam-no a um bordel. Ela fica desesperada, chorando, e o marido tentando consolá-la. Quando o filho aparece, diz assim: *"Ela tinha poros grandes e enormes"*. Nunca esqueci essa frase. No final, o menino vai embora de casa e a mulher enlouquece.

Foram dias intensos os do Festival. Nós mulheres ficamos hospedadas numa escola perto das balsas, e os homens em outra. Para a noite de entrega dos prêmios, fomos todos de bonde e vestidos com as roupas das peças. Fiquei de pé, no estribo do bonde, com um pegnoir cor-de-rosa de tafetá. E lá fui eu, toda faceira.

Naquela expectativa de quem seria premiado, fomos para a festa. Na chegada, Paschoal Carlos Magno me chamou para conversar: *"Olha Etty, eu não podia te dizer mas não agüento. Por unanimidade, você é a melhor atriz do Festival"*. Preferia não saber, queria que fosse surpresa e, ainda por cima, fiquei a festa inteira sem poder contar para os meus colegas. Quando começaram a dar os prêmios para melhor atriz, falaram o nome de uma aluna da *EAD*, não vou dizer o nome dela que é uma grande amiga minha, e todo mundo pensou que fosse o primeiro lugar e eu sabendo que não era. Ela tinha tirado o quinto lugar. Enfim chamaram meu nome e os aplausos foram delirantes. O cantor Caetano Zamma chegou a cair.

Ele estava num camorote, e de tanto vibrar, despencou e quebrou o dedo. A festa foi incrível, só foi chato ter de fingir surpresa.

Capítulo VIII

O Conselho da Madame

Depois de receber o prêmio, fui falar com Madame Henriette Morineau, que estava no júri junto com muita gente importante, como Patricia Galvão, a Pagu. *"Madame, a senhora acha que eu tenho que entrar na escola de arte dramática?"* Falando que nem uma chaleira com aquele sotaque afrancesado, a veterana atriz me disse: *"Não, não minha filha. Agora sua escola vão ser os seus diretores. Você vai aproveitar o máximo de cada diretor. Você não tem mais idade de freqüentar escola e essa vai ser a sua escola"*. Foi um conselho muito acertado e os ensinamentos dos primeiros diretores que trabalhei – Amir, Adolfo Celi, Zé Celso e Antunes Filho – foram fundamentais para o desenvolvimento da minha carreira. Eu gostava demais da Madame Morineau e alguns anos depois ela fez *Andorra* com a gente, no *Oficina*.

Nesse festival histórico, pelo menos para mim, teve mais um prêmio, uma medalha de ouro dada pelo jornal *A Tribuna de Santos*, que grudei com fita isolante no meu recém-inaugurado álbum de recortes (daqui a pouco conto dos meus álbuns). Costumava emprestar esses álbuns para gente que estava atrás de material para trabalhos de faculdade e coisas assim. Vinte anos depois, um rapaz veio devolver o álbum e a medalha caiu no chão. Quando a recolhi, olhei atrás e vi que era de ouro 18 quilates, e andava na mão de todo mundo. Fui numa joalheira e troquei por um anel lindo com cinco brilhantes, que foi a única jóia que um ladrão danado não levou quando meu apartamento foi assaltado. Eu estava com ele no dedo.

Depois do Festival de Santos, nossa turma foi ao Rio receber um prêmio, entregue pelo presidente Juscelino Kubitschek. Cansada pra burro, estava acomodada na grama do palácio, quando apareceu um policial e disse que eu não podia sentar ali de jeito nenhum. Levantei toda sem jeito e sob gozação dos meus colegas, com a impressão de ter profanado uma grama sagrada. Mas a cerimônia foi linda e teve discurso do JK: *"Preciso do estímulo, do calor de vocês para realizar as metas do meu governo"*. Na hora da entrega, Zé Celso, Amir Haddad e eu pegamos as três caixinhas vazias. O Paschoal Carlos Magno disse que as medalhas não tinham ficado prontas, estavam sendo confeccionadas na casa da moeda, e prometeu nos enviar. Uns dois anos depois fui ao Rio com Adolfo Celi e fomos até a casa do Pascoal. *"Ah, imagina, a medalha eu vendi pra pagar umas contas"*, ele disse com a maior cara de pau.

A Incubadeira fez uma temporada no *Teatro de Arena*, que foi alugado por nós. Mas ninguém ganhava nada, o dinheiro das entradas era só para pagar o teatro e as despesas. A escritora Lygia Fagundes Telles foi nos assistir, depois veio ao camarim, disse que tinha adorado a minha interpretação, perguntou quantos filhos eu tinha e ficou surpresa quando respondi que nenhum e que era virgem.

A mesa de brigadeiros de *A Incubadeira* era uma atração, principalmente quando a peça chegou ao *Arena*, onde o público ficava pertinho dos atores. Os docinhos ali diante dos olhos dos espectadores, ao alcance das mãos de alguns, e quando apagava a luz, sempre faltava uma porção. Um dia veio uma moça no camarim e disse *"Desculpa te contar, mas estou grávida e não agüentei quando vi aqueles brigadeiros. Sentei na primeira fila e roubei um monte"*. A próxima montagem da turma foi *Fogo Frio*, do Benedito Ruy Barbosa. Fui recusada pelo jovem dramaturgo com o argumento de que era muito européia e não tinha tipo para seus personagens brasileiros. Fiquei furiosa, queria fazer e era um espetáculo de amadores. O que nem podia me passar pela cabeça é que estava a um passo de ingressar no teatro profissional.

Capítulo IX

Você Vai Ser Feliz?

A famosa Companhia Teatral de Tônia Carrero, Paulo Autran e Adolfo Celi estava em Araraquara, quando chegamos lá com *A Incubadeira*, em janeiro de 1960. Celi veio falar comigo, perguntou o que eu fazia, disse que era professora e ele quis saber o meu salário. *"Você gostaria de trabalhar conosco ganhando a metade?"*, perguntou o diretor italiano que eu admirava das peças do *TBC*. Pedi para dar a resposta depois, liguei para casa e falei com mamãe: *"Eu queria saber se vocês continuariam a me dar casa e comida se eu abandonasse a carreira de professora e fosse trabalhar na Companhia da Tônia?"* A resposta não demorou muito e veio em poucas palavras: *"Você vai ser feliz?"* Mamãe me abençoou e me disse para ir em frente. E eu fui. Sem maiores dramas.

O convite do Celi era para *Calúnia*, de Lillian Hellman, sua próxima montagem.

Como estavam excursionando com *Seis Personagens à Procura de Um Autor*, ele me ofereceu um papel de figurante para seguir a viagem com eles. Um tempo depois, Celi me disse que se comoveu quando aceitei fazer figuração, pois eu tinha acabado de receber um prêmio de melhor atriz num festival importante.

O grupo tinha um carro só. Paulo Autran nem guiava nessa época, e eu levei meu carro para as viagens, o que facilitou nosso entrosamento. Eu tinha um fusca. Com 18 anos, ganhei de meu pai um Ford 48 e depois tive vários fuscas: um vermelho, um verde, um fuscão. Viajávamos e ensaiávamos *Calúnia*, que estreou em São Paulo e foi um grande sucesso. Minha personagem era Mildred Wells.

Trabalhar e conviver com Celi, Paulo e Tônia, que já tinham uns 10 anos de carreira e a quem eu admirava muito, foi uma das delícias de *Calúnia*. Adorava Paulo, cheguei a ver quatro vezes algumas de suas peças, e fui justamente contracenar com ele.

Em Calúnia, com Margarida Rey, Tônia e Suzana Negri

Foi Paulo quem me deu o primeiro dos meus álbuns de recortes, junto com o conselho de colocar ali tudo que tivesse relação com a carreira, pois nossa profissão não era reconhecida e um dia eu ia precisar desse material para me aposentar. Acabei não precisando, já que felizmente a regulamentação veio antes, mas adoro meus álbuns.

E nas primeiras páginas do primeiro volume tem um autógrafo com dedicatória do Paulo: *"Para Ettynha, a minha mais mignozinha das minhas mais queridinhas amigas"*.

Tônia era maravilhosa e eu adorava bater papo no seu camarim. Um dia, estávamos conversando, Tônia se levantou, chegou perto da pia, levantou a saia, baixou a calcinha e fez um xixi. *"Etty, o banheiro daqui é muito longe"*, ela me disse. Eu achei aquilo um charme e ao voltar pro meu camarim tentei fazer a mesma coisa.

Só esqueci que eu tinha o dobro do peso e bem menos altura que Tônia. Resultado: a pia caiu, a água se esparramou e eu tive o maior ataque de riso da minha vida.

Apavorados, Paulo e Tônia esmurravam a porta do camarim querendo saber o que tinha acontecido e contendo o riso, consegui dizer *"debrucei na pia e quebrei"*.

Pessoa incrível, Celi era gordinho e, como eu, adorava comer. Era casado com Tônia e muitas vezes, depois do espetáculo, íamos para a casa deles comer macarrão. Numa viagem a Minas, fomos visitar a Gruta de Maquiné, aquela em cujo interior as luzes sempre se apagam. Morria de medo de andar naquela escuridão e avisei a turma que ia ficar ali mesmo na entrada, sentada num pequeno lago. Pus os pés na água e fiquei cantando músicas da igreja anglicana, que tinha aprendido na Inglaterra. Celi achou aquilo engraçadíssimo. Numa das cenas de *Calúnia*, quando a minha personagem fica sozinha trancada na sala, tem medo de fantasmas e começa a seguir a letra aquele ditado que diz *"quem canta seus males espanta"*. Celi me fez cantar as tais músicas religiosas.

Depois de *Calúnia*, aceitei um convite para trabalhar na *BBC* e voltei para Londres, onde fiquei nove meses e aproveitei para fazer um curso com um ator polonês. Na *BBC*, fazia programas de rádio veiculados para o Brasil. Eram dramatizações de textos famosos, muitos deles de Somerset Maugham, o famoso escritor de *Servidão Humana*. Eram peças e contos dramatizados, como se fossem novelas mais culturais. Madalena Nicol, grande atriz do *TBC*, também trabalhava lá nessa época. Um dia recebi carta da Maria Bonomi, onde ela me contava que seu marido Antunes Filho estava montando *As Feiticeiras de Salém* e tinha um papel ótimo para mim. Fui atrás da peça na biblioteca, não vi *"nenhum papel ótimo pra mim"* e resolvi continuar na *BBC* até o fim do meu contrato.

As Feiticeiras de Salém, com Arabela Bloch, Glória Menezes e Rosamaria Munari

Capítulo X

Romance nos Bastidores

Quando cheguei em São Paulo, Antunes Filho ensaiava *As Feiticeiras de Salém*. Para o papel principal, ele chamou Glória Menezes, que estava saindo da *EAD*, e no elenco estavam Miriam Mehler, Dina Lisboa, Mauro Mendonça e Chico Martins. Sim, foi nessa peça que conheci meu futuro marido, mas ambos namorávamos outras pessoas.

As Feiticeiras de Salém não deu muito certo. Antunes pegou uma peça realista e a montou como se fosse um épico. Ele já era bravo, "meio louquinho" naquela época. Dos exaustivos ensaios ficaram lembranças que o tempo tornou divertidas. Certa vez, a água do teatro estava com algum problema e começou a dar dor de barriga em todo mundo. Eu não agüentava mais e, no meio da peça, fui ao banheiro. O homem começou a gritar *"Onde está Etty?"* e outras coisas mais. *"Ela foi ao banheiro, tá com dor de barriga"*, disse Glória. O ensaio continuou pela madrugada e quando ele nos dispensou avisando que às três da tarde tínhamos de estar no teatro para ensaiar o complemento, eu disse que não vinha. Miriam falou que também não ia e a Glória ídem. Mas claro que nós iríamos, era só um jogo de cena de atrizes exaustas. No dia seguinte, a secretária do Antunes ligou pedindo para que eu não faltasse ao ensaio. Cheguei no *Teatro Maria Della Costa* pelos fundos, estava tudo um breu, a platéia às escuras e comecei a subir, procurando pela fumaça do cachimbo do nosso diretor, que estava nas últimas fileiras.

"Etty, você veio". Disse que claro, que estava cansada na noite anterior e com uma tremenda dor de barriga. Ele me olhou bem sério: *"Você está querendo sabotar minha peça"*. Quando a Miriam chegou foi a mesma coisa. Antunes era muito "louco", mas um diretor muito bom. Concorri ao prêmio de revelação daquele ano por minha atuação em *Calúnia*, mas quem ganhou foi Glória por *As Feiticeiras de Salém*.

Enquanto encenava *As Feiticeiras*, Zé Celso começou a preparar *A Vida Impressa em Dólar*, ainda em caráter amador. Wanda Kosmos deixou a peça para dirigir novelas na *Tupi* e fui substituí-la. Quem iria fazer o papel do meu marido era Moracy do Val, que andava se dividindo entre ser ator e jornalista. Treze dias antes da estréia, ele optou pelo jornalismo e saiu. E quem chamaram para o lugar do Moracy? Chico Martins. Logo, logo começam as cenas do nosso romance, paralelo à construção do *Oficina*.

A profissionalização era o caminho a seguir para o pessoal que viria a integrar o *Grupo Oficina*. Aquele teatrinho onde conheci a turma, o *Novos Comediantes*, tinha falido. Era um galpão bem grande, palco italiano e as poltronas normais, tipo teatrinho, o que vinha de acordo com nossos planos. Fomos falar com os donos do prédio e cada um deu uma entrada para a primeira parte. Estava tudo acertado. Na hora que o cara abriu a porta, que era uma dessas de garagem, foi uma decepção: só existiam as paredes e nada mais. Pensávamos que tudo estaria lá, não passou pela cabeça de ninguém verificar. Era preciso dar a volta por cima para não irem por água a baixo nossos planos. Tivemos a idéia de fazer cartões, vendidos nas portas do teatro, que davam direito a dez espetáculos, durante um certo tempo. Fui atrás de todos os amigos do meu pai e o pai do Renato Borghi também tinha seus contatos. Com esse dinheiro fizemos um teatro, que chamávamos de teatro sanduíche. Era assim: uma platéia do lado de cá, uma platéia do lado de lá e o palco no meio. Era meio arena, cópia de um teatro que eu tinha visto em Londres. Explicamos para o engenheiro e eles fizeram esse tipo de teatro. Fui comprar cadeiras em Curitiba, pois meu tio era casado com uma moça cuja família era dona de uma fábrica de móveis por lá. Era teatro de arena o primeiro *Oficina*, e depois teve mais duas estruturas.

Com Chico Martins em A Vida Impressa...

Nada de cadeiras, era como se fosse um circo. Estreamos com *A Vida Impressa em Dólar*. No elenco, Célia Helena, Ronaldo Daniel, Renato Borghi e Fauzi Arap, que foi lançado nessa peça. Um velho comunista era o papel do Eugênio Kusnet, eu interpretava a mãe, casada com o personagem do Chico Martins. Meu cunhado que tinha casado com a minha irmã nos Estados Unidos e tinha sido ator lá, ajudava nos laboratórios, e a gente usava o método do Stanislavski. Chico e eu representávamos um casal junto há trinta anos. Nos laboratórios, fomos atrás do passado e sensações de nossos personagens e um dos exercícios era desvendar o dia em que ele tinha pedido a mulher em casamento.

A declaração de amor do ator Chico Martins tinha sido deslumbrante e no camarim comentei com Célia Helena a bela interpretação do colega. Esperta, Célia abriu meus olhos e disse que a declaração não tinha sido feita pelo personagem e sim pelo Chico Martins, que ele estava apaixonado por mim. Se existia algum clima, ainda não tinha percebido, mas a partir daquele momento começou o romance.

Capítulo XI

Operários do Mundo Inteiro

A Vida Impressa em Dólar inaugurou o *Teatro Oficina* em 14 de agosto de 1961 e nossa madrinha foi Maria Prestes Maia, mulher do prefeito Prestes Maia. Tivemos um monte de problemas com a censura, que invocou até com o título que nada tinha a ver com o original (*Awake and Sing, Desperta e Canta*). Os censores implicaram também com palavrões, cenas amorosas, passagens consideradas ofensivas ao judeus e, especialmente, o que chamaram de pregação marxista da peça que se passava durante a recessão americana. Ficaram de cabelo em pé com o final, quando uma jovem abandona o marido e foge com o amante. Até o livreto foi considerado subversivo. Tudo isso ganhou os jornais e despertou a curiosidade do público para o teatro que estava nascendo na Jaceguai.

A peça se passava em plena recessão americana, numa cidadezinha dos Estados Unidos.

Eugênio Kusnet fazia o papel de meu pai, um velho comunista que adorava Caruso e vivia fazendo discursos. Célia Helena representava a minha filha e foi nessa época que a conheci. Era uma atriz maravilhosa e fomos muito amigas durante toda a sua vida.

Para promover a peça, conseguimos uns carros antigos maravilhosos e saímos pelas ruas em desfile, vestindo as roupas da peça, soltando foguete. Um happening. Quando passamos na frente do teatro da Cacilda, ela correu pra ver e disse pro Walmor Chagas: *"Olha Walmor, vem ali uma gente louca, parece um circo. O teatro tá se transformando num circo e tem até mulher gorda no meio"*. A mulher gorda era eu.

Bolamos uma filipeta com a reprodução da nota de um dólar, que a censura quis impedir, sob a alegação de que não podíamos brincar com o dinheiro de outros países. E uns quadradinhos nas filipetas davam direito a nossos próximos cinco espetáculos. Foi assim que começamos a levantar dinheiro.

Começou com amigos e doações particulares e depois fomos para a porta dos teatros vender as cadeiras cativas. Ninguém fazia isso na época, as pessoas tinham vergonha. *"Miss Fraser, já vi a senhora fazendo coisa muito melhor do que vender essas coisas na porta do teatro"*, me disse uma mulher na frente do *Teatro Bela Vista*. E eu morri de rir, claro.

Os ensaios de *Zé, do Palco à Sepultura*, do Augusto Boal, corriam paralelos aos preparativos para meu casamento com o Chico. Era uma peça muito avançada, com direção do Antônio Abujamra. Não lembro mais da história, mas só para se ter uma idéia do clima daqueles tempos, minha personagem era uma operária, casada com um operário. Eles levavam uma vida miserável e *"ela estava grávida de 18 meses"*. O papel tinha sido escrito para uma atriz magra e inventamos uma fala para minha personagem: *"além da miséria, ainda sofro das tireóides"*. Usava um vestido com um laço atrás que prendia uma barriga. Em certo momento, dava um pulo no ar, alguém puxava o laço e lá do outro lado do palco aparece o meu filho engatinhando. Era o Fauzi Arap com uma fraldona, chupeta, chapeuzinho na cabeça, engatinhando. Quando ele chega perto, ela diz *"Vem com a mamãe, diz alguma coisa"*. E ele fala: *"Operários do mundo inteiro..."*

Célia Helena interpretava minha avó e o Ronaldo Daniel, vestido de padre, carregava uma dentadura que ele manejava como se castanhola fosse. Teve uma porção de gente que começou nessa época fazendo papel pequeno. *Zé, do Parto à Sepultura* era uma peça muito louca, mas muito louca mesmo. Ficou pouquíssimo tempo em cartaz, fizemos só os primeiros quatro dias e fomos substituídos pela Miriam Muniz e Geraldo Del Rey. Era janeiro de 1962, Chico e eu viajamos para Santos em lua-de-mel. Cinco dias depois fomos intimados a voltar urgente. A peça tinha sido um enorme fracasso e seria substituída por *A Vida Impressa...*

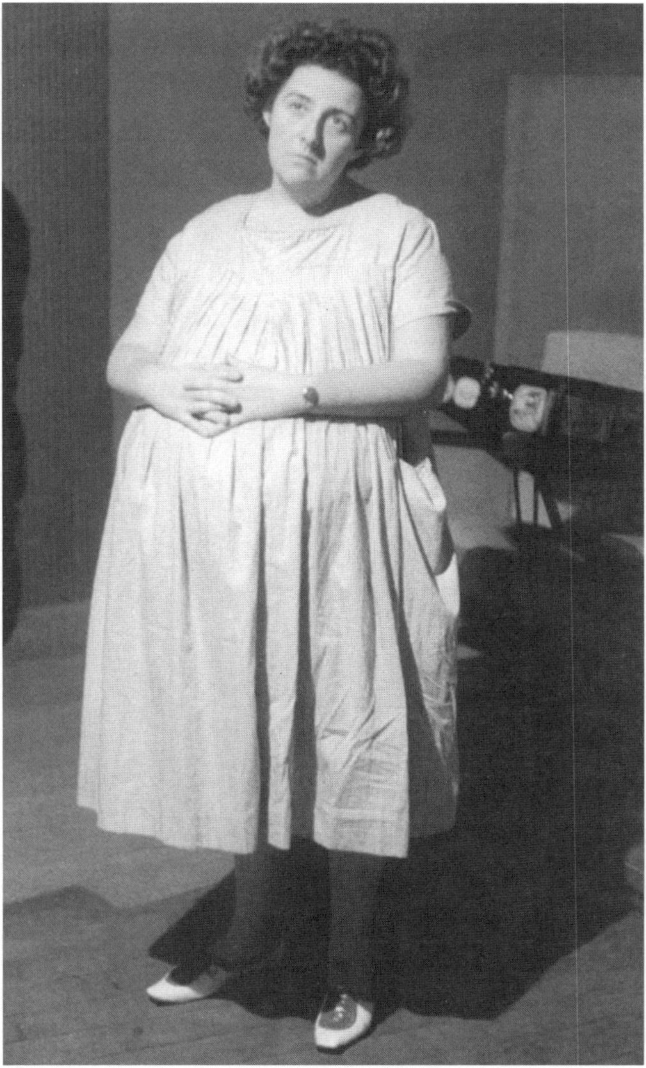

Em cena de Zé, do Parto à Sepultura

Com o marido, Chico Martins

Capítulo XII

A Dinastia Lão

Chico Martins e eu começamos a namorar direto. Como ele não tinha carro – só aprendeu a dirigir muitos anos depois – eu sempre dava carona. Chico morava na Rua Apeninos, no Paraíso, e naquela época a gente podia estacionar e ficar horas conversando, namorando no carro. O noivado foi na estrada. Numa viagem para vender espetáculos, estávamos em Americana quando decidimos noivar, fomos atrás das alianças e fizemos uma cerimônia particular na igreja matriz local. Eu estava com 30 anos e ele com 37, casamos logo e nem tínhamos porque esperar. A gente sabia o que queria da vida e queríamos as mesmas coisas – a profissão, ter uma família e ser feliz. Era isso que queríamos e foi isso que tivemos por 41 felizes anos.

Nesses anos todos nunca fomos dormir brigados, tristes um com o outro. Nunca. E nem faz muitos anos assim que nossa empregada chegou aqui em casa e nos flagrou brincando de esconde-esconde. Chico foi uma coisa muito boa na minha vida. Era um tal de dar presentinho, de colocar bilhetes embaixo do travesseiro, de dizer quanto me amava. Quando estreava uma peça, ele sempre mandava flores e um cartãozinho carinhoso. Nas estréias dele, eu fazia a mesma coisa. Tenho guardados todos os cartões de natal, de aniversário, de casamento que ele me deu, cada um mais lindo que o outro. Sempre endereçados a "mamosa", que era um de nossos apelidos românticos, todos variações em torno de "meu amor", "meus amores". Nossos apelidinhos eram famosos e copiados pelos amigos.

Meu marido gostava de comprar cartões com bichinho. Chico adorava bicho, e tinha uma paixão especial pelos gatos. O apelido dele era Lão (de Leão), o meu Loa e o Denis, nosso filho, era Laozinho. Esses apelidos vieram depois de *A História de Elza*, o primeiro filme que Denis assistiu. Quando voltamos pra casa, nosso filhinho pediu para fazer a caverna do leão na cama, levantamos o lençol e ele começou: "aqui é a caverna do lão, da loa, do laozinho".

Assim nasceram os nomes e hoje, quarenta anos depois, continua a mesma coisa. Quando Denis casou, passei a chamar Elita, a mulher dele, de loazinha. Ela ganhou título da família. É a nossa dinastia Lão.

Casamos no dia 4 de janeiro de 1962. Foi uma cerimônia simples, só no civil, no apartamento dos meus pais, com direito a festa depois. Eu usei um vestido branco com bolas lilás e na altura dos joelhos. Célia Helena e um grande amigo do meu pai foram meus padrinhos.

Trinta anos depois casamos no religioso, numa cerimônia linda realizada no Orfanato da Igreja de São Judas. Tony Ramos e Lidiane foram meus padrinhos. Eu me converti ao catolicismo e no dia do casamento fui batizada, crismada e fiz a primeira comunhão. Irene Ravache brinca que eu não queria gastar muito e coloquei tudo no mesmo pacote.

4 de janeiro de 1962, no casamento civil..

... e 30 anos depois, no casamento religioso

Foi um dia lindo. Meu filho cantou na igreja e todos os nossos amigos estavam lá, inclusive nosso querido vizinho Fernando Casseb, que tocou órgão.

A idéia da conversão veio quando começou a crescer a vontade de casar no religioso. Comecei a estudar a religião católica e tudo ganhou força quando conhecemos o Padre João Luis, na missa de sétimo dia de um amigo, Artelino, que era administrador da Irene Ravache. Ter conhecido o Padre João Luis foi fundamental na minha conversão. Ele é muito querido, muito sensível à arte, adora teatro e quando a gente está ensaiando, costuma aparecer levando pães e bolos. Foi ele quem casou Alexandre Borges e Julia Lemmertz, Denise Fraga e Luis Villaça, e os filhos de Tony Ramos e Lidiane, Rodrigo e Andréa.

Chico era – e sempre foi – amoroso, carinhoso, nunca tinha uma palavra dura, sempre muito doce. Ele era o meu sonho de marido. Meu pai foi um homem muito amoroso também e Chico era parecido com ele. Meu marido achava maravilhoso tudo o que eu falava e morria de rir de qualquer bobagem que saía da minha boca. Vivia me elogiando.

Nos anos 70, fomos ao programa do Silvio Santos participar de um quadro só de casais.

Silvio perguntou-lhe o que tinha chamado atenção em mim. Chico disse que tinha sido no *Gigetto*, restaurante freqüentado por artistas. Ele

estava com seus colegas quando ouviu uma gargalhada deliciosa, virou para trás para conferir e era eu que chegava com Tônia Carrero e o elenco de *Calúnia*.

Foi a minha gargalhada que primeiro chamou a atenção dele. Chico tinha uma voz muito bonita, adorava ouví-lo cantar, principalmente quando ele, a meu pedido, atacava de *Fascinação*, música que é minha paixão.

Nascido em Machado, Minas Gerais, descendente de índios e portugueses, meu marido era o mais moço de uma família de oito filhos, filho do fazendeiro Aristides Martins de Souza e de Maria Augusta de Carvalho. A família dividia seus dias entre a fazenda e a casa na cidade, que chegou a abrigar o governador do Estado quando o homem passou por lá para inaugurar a estação de trem. Chico tinha uns cinco anos, mas essa "visita" da autoridade entrou para a história da família Martins. Na fazenda, bem pequeninho, o menino montava suas pecinhas. Também desenhava muito bem e no natal era o encarregado de construir o presépio e todos os objetos que o enfeitavam. Era incentivado pela família, que tinha inclinação à arte, afinal seu avô era maestro, o outro chefe da banda da cidade e a avó era pianista.

Chico Martins veio para São Paulo em 1953. Como tinha trabalhado na emissora da sua cidade, conseguiu trabalho de redator na Rádio América. Chegou a trabalhar em banco, mas não gostava de mexer com números e as contas da casa sempre ficaram comigo mesmo.

Chico não gostava das coisas muito práticas, era um artista no sentido geral da palavra. Começamos praticamente juntos na carreira artística. Ele fez a *Escola de Arte Dramática*, onde teve como colegas Francisco Cuoco, Nelson Xavier e Miriam Mehler.

Quando se estabeleceu em São Paulo, trouxe a irmã mais velha, que se chamava Marivá e tinha vinte anos mais que ele. Quando o conheci, eles moravam juntos.

Quase fui morar com eles, mas minha mãe não gostou nem um pouco da idéia: *"Filha minha não mora com sogro, nem com cunhados"*. Como não tínhamos dinheiro para pagar aluguel, ela resolveu ajudar até que as coisas melhorassem.

Mamãe foi atrás de um apartamento para nós e, como tudo sempre acaba resultando em histórias engraçadas: o nome do prédio era São José, o zelador era senhor José, o dono do apartamento também se chamava José e Marivá tinha feito uma promessa para São José. Era na Consolação com Paulista, o último prédio em direção a Rebouças. O bonde passava ali. Era um apartamento de dois quartos, uma sala muito boa, varanda e uma vista linda. Em pouco tempo, já ganhávamos para pagar o aluguel e podemos dispensar a ajuda da minha família.

Com o filho Denis e a nora Elita

Marivá continuou na casa da Apeninos até quase o final da vida dela, quando passou a morar aqui no mesmo prédio que nós. Era madrinha do nosso filho e tomava conta do afilhado enquanto estávamos no teatro.

Teve um dia em que chegamos em casa do teatro e a encontramos amarrada no pé da cama com uma pena de índio enfiada no cabelo, dominada pelo Denis de cowboy.

Capítulo XIII

Pequenos Burgueses

Estava grávida quando acabou a temporada de *A Vida Impressa em Dólar* e decidi só voltar aos palcos quando o nenê tivesse um ano. Eu tinha 30 anos, curtia meu casamento e a esperada gravidez. Dava minhas aulas de inglês em casa. Além de ator, o Chico também trabalhava na parte de publicidade da Rhodia, e quis passar mais tempo comigo, ficar "grávido" junto.

Deixamos o teatro de lado para cuidar do filho. Foi a época que o *Oficina* fez aquelas peças americanas, *Todo Anjo é Terrível* e *Um Bonde Chamado Desejo*, e eles convidaram Maria Fernanda, Madame Morineau e Sadi Cabral. Fui chamada para *Os Pequenos Burgueses*, mas meu filho Denis nasceu em dezembro de 1962, e eu não queria deixá-lo. Escolhemos o nome de nosso filho em homenagem ao *Denis, O Pimentinha* dos quadrinhos. Só que de "pimentinha" meu Denis, que é administrador de empresas, não tem nada. Ele foi um amor de criança, não me deu trabalho nenhum nem quando adolescente. Eu fui mais levada do que ele.

A peça estreou quando meu filho estava com seis meses. *"Quem devia estar fazendo esse papel era eu"*, disse pro Chico na noite da estréia. Quem fazia era Cecília Rabelo. Passou uma semana e Zé Celso me chamou. Aconteceu o seguinte: ele foi a um programa de TV com o elenco, apresentou todo mundo e por descuido pulou Cecília, que ficou uma arara e saiu do espetáculo. Eu a substituí uma semana depois que a peça tinha estreado. Um mês depois, Chico também entrou.

Drama de uma família moscovita e seus agregados, *Os Pequenos Burgueses*, de Máximo Gorki, estreou na Rússia pré-revolucionária de 1902 e causou comoção. Só chegou ao Brasil em 1963, também com muita repercussão, num período de intensa agitação política. Era uma montagem de três horas e meia, quatro atos, e ocupa um lugar muito especial entre as peças que trabalhei. Estive nas três montagens, em 1963, 1977 e 1990.

É incrível como esse espetáculo marcou a vida de muita gente. Há pouco tempo estava num shopping e um rapaz muito bem apessoado perguntou se podia me dar um beijo e depois disse: *"Esse beijo é para agradecer o que você e o Oficina fizeram por mim, que era um reacionário e mudei muito depois de ver Os Pequenos*

Elenco da primeira montagem de Os Pequenos Burgueses

Burgueses". Ele não foi o único a me dizer isso. Conseguir "mudar" a cabeça de alguém com uma peça é uma coisa muito estimulante e isso me toca profundamente.

Assistida por 27 mil pessoas, *Os Pequenos Burgueses* ainda estava em cartaz quando estourou a revolução de 64. Nessa época tudo que tivesse nome russo era considerado subversivo e morrendo de medo tiramos a peça de cartaz. O clima era um horror, não havia segurança para os atores e havia indícios de que Zé Celso, Fernando Peixoto e Renato Borghi estavam na lista de perseguidos pelo regime, e eles tiveram que sumir, escondidos em casas de amigos. Ítala Nandi e eu ficamos tomando conta do *Oficina*. Às pressas, entrou em cartaz *Toda Donzela Tem Um Pai Que é Uma Fera*, comédia do Gláucio Gil, que aproveitava muita gente do elenco dos Burgueses e outros, como Tarcísio Meira, que fazia sucesso na TV e compreendeu a situação delicada do *Oficina*. *Toda Donzela* se transformou em sucesso, e um tempo depois veio o sinal azul dos homens da polícia para *Os Pequenos Burgueses*. Eles diziam que a

Cena de Os Pequenos Burgueses

peça não tinha sido censurada, tinha sido tirada de cartaz porque queríamos e podíamos voltar. Só exigiram uma modificação: tirar o hino da *Internacional Socialista* que tocava no final.

No lugar, entrou *A Marselhesa*. Não tinha nada a ver, claro, mas o público entendia que cumpríamos ordens. *Os Pequenos Burgueses* foi encenado por mais dois anos. *Toda Donzela* continuou em cartaz, transferida para o *Teatro das Nações*, na Av. São João, alugado pelo *Oficina*.

Era uma dificuldade imensa escolher textos para encenar naqueles anos de ditadura. *Andorra*, a próxima montagem do *Oficina*, ainda em 1964, falava da perseguição aos judeus e levantava a questão dos bodes expiatórios, tudo a ver com aqueles tempos. Miriam Mehler, Madame Morineau, Célia Helena e Chico Martins estavam no elenco. Não trabalhei como atriz, era produtora com a Ítala Nandi. O cenário maravilhoso, em preto e branco era do Flávio Império. Tudo, inclusive os atores, ficava em cima de praticáveis com rodinha, que se deslocavam pelos corredores compridos do teatro. Ninguém podia ficar por lá para não impedir a passagem dos cenários. Numa noite, o cara que cuidava dos corredores veio nos dizer que um moço se recusava a liberar o espaço. Ítala e eu fomos ver o que acontecia. *"Não vou sair, sou representante do meretrício"*, ele disse para meu espanto e fui rápida na defesa *"Isso é um teatro de gente direita, de casais, que negócio de representante de meretrício?"*. A explicação do homem me desconcertou: *"Minha senhora, eu não falei meretrício. Falei merentíssimo"*. Era do juizado de menores.

Outra história engraçada: tinham dito que para ter sorte na bilheteria, precisávamos de uma imagem de Santa Edwiges e uma garrafa de pinga para dar ao primeiro bêbado que passasse. Na noite da estréia, fui atrás da bilheteira para ver se as recomendações tinham sido cumpridas. Ocupada, a mulher esquecera da cachaça. Lá fui eu, com a garrafa na mão, atrás de um gambá. Logo apareceu uma mulher carregando uns sacos nas costas e bêbada feito uma porca. *"Tiazinha – mania de quem fez peça russa – isso aqui é uma garrafinha para você se esquentar nas noites de frio"*, fui dizendo. A danada não foi nem um pouco receptiva: *"Tá pensando que eu sou bêbada, como é que você vem me oferecer isso"*. Saí correndo, mas eu estava na bilheteria assim que o espetáculo começou, quando a danada apareceu: *"Ainda tem daquele xaropinho aí?"*.

Os estudantes eram nosso público alvo e, antes da estréia, vendíamos a lotação completa nas faculdades. O teatro de *Arena* também fazia isso, mas nós do *Oficina* é que lançamos. Estimulávamos a competição entre as faculdades: a gente chegava na *Poli* e dizia que a *USP* tinha comprado dez espetáculos, e vice-versa. Os espetáculos estreavam com casa cheia. O *Oficina* era um teatro pequeno, tinha 210 lugares. A gente marcava debates para depois do espetáculo. Havia rivalidade sim entre o *Oficina* e o *Arena*, mas nada em exagero. O *Arena* tinha os autores e nós fazíamos ciclos. Éramos diferentes e ao mesmo tempo iguais. Eu assistia às peças do *Arena* nos espetáculos para a classe, à meia-noite.

No final de 1964, o *Oficina* foi convidado para representar o Brasil no *Festival Internacional de Teatro*, em Atlântida, no Uruguai. Levamos *Os Pequenos Burgueses* e *Andorra*. Por lá estavam muitos exilados, inclusive Jango e líderes sindicais. As apresentações foram comoventes e a peça, premiada. Com minha capacidade de me enturmar, conheci muita gente por lá e fui chamada ao palco para receber um prêmio ganho pelo nosso grupo.

Antes do Rio, Brasília e Porto Alegre assistiram *Os Pequenos Burgueses* em 1965. Cecil Thiré, que ainda tinha cabelo, entrou no elenco e fazia o papel do filho, que tinha sido do Ronaldo Daniel. O teatro *Maison de France* abrigou nossa temporada carioca, produzida pela Tônia Carrero. Foi quando Castello Branco assistiu ao espetáculo. Ele foi numa matinê de quinta, mandou alguém comprar ingresso, e a fila de trás era reservada para os seguranças.

O presidente mandou dizer pela Tônia que queria cumprimentar os atores. Ele foi aos camarins, disse que tinha gostado muito da peça, a Ítala perguntou com qual personagem ele se identificava e ouviu que era com o personagem do Renato Borghi.

Foram três montagens de *Os Pequenos Burgueses* em três décadas. A primeira tinha 3h30, quatro atos. A de 1977, foi dirigida pelo Renato Borghi, baseada na direção original do Zé Celso. O Abrahão Farc entrou no lugar do Kusnet, que já tinha morrido. Raul Cortez também trabalhava, mas depois saiu. A versão 1990 foi adaptada

Elenco da última montagem de...

pelo diretor Jorge Takla, que retirou a parte política e eliminou personagens ligados ao lado mais panfletário, centrando a história nas relações humanas e na fascinante galeria de personagens do dramaturgo russo.

Ficou com uma hora e meia e Borghi, Célia Helena, Miriam Mehler e Chico Martins eram novamente meus companheiros em cena. Adoro os *Pequenos Burgueses* e foi um prazer trabalhar nessas três montagens, quando os doze personagens do espetáculo, foram representados por

... Os Pequenos Burgueses.

quarenta atores. Sempre fiz o mesmo papel, Akoulina, a mãe dedicada que só vive em função da família e que supre com sua pouca inteligência um enorme coração. Chico também nunca mudou de personagem e adorava fazer o passarinheiro, responsável pelos momentos poéticos da peça. Borghi foi o meu filho nas duas primeiras vezes, e na última interpretou o meu marido, que tinha sido o Kusnet na primeira versão. Outros sinais da passagem do tempo se refletiram na distribuição dos papéis. Célia, a primeira Tatiana, passou a interpretar a viúva Helena, criada pela Liana Duval. Miriam Mehler passou Polia para Ligia Cortez, filha da Célia, e encarnou Tatiana.

Com o filho Denis

Capítulo XIV

Tudo Vira Comédia

Com os militares no poder começaram tempos estranhos. Nossos colegas estavam sendo perseguidos, havia medo por todo lado, as peças eram proibidas, cortadas. Na lista dos procurados, Zé Celso, Renato Borghi e Fernando Peixoto tiveram que sair de cena e se esconder. Renato foi para a casa de parentes no Rio, Zé Celso refugiou-se num sítio da família da Célia Helena e Fernando rumou para o Rio Grande do Sul. Ítala, Chico e eu ficamos tocando o *Oficina*. Era um tempo estranho, mas aconteciam coisas engraçadas, principalmente quando olhadas com a devida distância do tempo.

Lembro uma vez em que eu e meu filho, que tinha uns três anos, estávamos na varanda vendo o movimento. Começou uma agitação. Era o exército parado num terreno vazio, com tanques e tudo, indo em direção a CRUSP.

"Mamãe, o que é isso?" Denis disse assustado. Cheia de consciência política, nem pensei na resposta: *"Isso, meu filho, são os soldados do governo descendo pra Cidade Universitária para bater nos estudantes"*. Logo, o menino estava aos prantos: *"Eu não quero ser estudante, eu não quero ser estudante"*.

Antes de ir para o sítio, Zé Celso ficou uns dias lá em casa. E não é que um dia meu filho chegou e falou: *"Você não falou que é falta de educação fazer xixi na tábua do banheiro. Zé Celso faz isso*

todo dia". Zé Celso só balançou a cabeça: *"Ah, pequeno burguês"*.

Chico e eu íamos levar o Fernando Peixoto para tomar o ônibus para o Sul. Fernando usava barba e sempre carregava algum livro ou revista de esquerda embaixo do braço. Levei um susto quando ele apareceu na minha porta, sem barba, vestido de executivo e carregando a revista Time. Fernando estava disfarçado e achava que tinha sido seguido por um homem que tinha visto na rua, encostado no poste.

Fui até lá conferir e o homem estava fazendo palavras cruzadas, tranqüilo, esperando o ônibus. Era a paranóia que nos cercava.

Naqueles tempos, qualquer reunião era coisa de subversivo. E como tinham reuniões! Um rotineiro encontro da classe artística no teatro Ruth Escobar me trouxe problemas com a repressão. Na manhã seguinte, um investigador do DOPS apareceu na casa dos meus pais atrás de informações do carro, que eles tinham me dado e ainda não transferido os documentos. Mamãe ligou para contar e disse que o homem estava indo para meu apartamento. *"Mãe, vocês mandaram o DOPS pra cá, vocês estão ficando loucos?"* E ela: *"Ah, Etty, era um rapaz tão simpático, teu pai deu uísque pra ele e ele gostou tanto do teu pai"*. Santa inocência a de minha mãe.

Em poucos minutos, o investigador estava no meu apartamento e, como dissera mamãe, era simpático sim. Devido a *"ordens de Brasília"*, ele me disse, tinham fotografado todas as placas dos carros que estavam na frente do teatro durante a reunião. *"A senhora nem pode imaginar o trabalho que isso está me dando. Ainda hoje fui na casa de um americano, que estava com a amante num carro, e a mulher dele ficou sabendo de tudo. Aqui está marcado, a senhora e seu marido estiveram por lá"*. Não adiantou explicar que era só uma reunião da classe teatral. Chico e eu recebemos uma intimação para depor dali a dois dias. Um telefonema do investigador adiou nossa "visita" ao temido DOPS. O motivo era a morte da mãe do agente que iria tomar nosso depoimento. *"De que ela morreu?"* perguntei.

Chico e eu chegamos para depor no DOPS, fiz questão de entrar primeiro, pois sempre lidei melhor com as palavras do que meu marido. Entrei na sala e o homem foi me dizendo que era um prazer conhecer os comunistas. *"Comunista eu? Meu pai é presidente de uma multinacional, imagina se eu vou ser comunista"*, falei bem calma e dizendo que, em primeiro lugar, queria dar-lhe os pêsames pelo falecimento de sua mãe. Falei que meu tio era especialista em Mal de Parkinson e, por coincidência, ele tinha sido médico da mãe do tira. O homem foi amolecendo e disse que tinha algumas perguntas. *"A senhora conhece um tal de Gianfrancesco Guarnieri?"*, foi a primeira. *"Claro que conheço. É um grande autor"*, eu disse tentando aparentar calma. *"A senhora sabia que ele é comunista?"*, o homenzinho voltava ao ataque. *"Não! Guarnieri comunista?"*, eu disse fingindo espanto.

Logo vieram outras perguntas e nomes, sempre no mesmo estilo, e continuei me fazendo de sonsa. Quando ele perguntou minha data de nascimento e eu respondi *"8 de maio de 1931"*, o homem teve um sobressalto e falou com voz embargada *"é o mesmo dia do aniversário da minha mãe"*. Logo estávamos dispensados – Chico nem precisou depor – e ficamos sem ficha no DOPS.

Como sou muito gorda e fica difícil correr da polícia, não cheguei a participar das famosas passeatas dos anos 60. A classe compareceu em peso numa delas, enquanto Miriam Muniz e eu preferimos ficar no teatro de Arena com a desculpa de prestar socorro se alguém precisasse. Todos tinham voltado e nada do Chico. *"Quando puseram os cavalos em cima da gente eu o vi correndo pela São Bento"*, disse-me um colega. Chico demorou um tempão para aparecer. Ele estava mesmo na São Bento, na maior correria, quando foi puxado para dentro de uma loja e ficou lá até tudo acalmar.

Para fugir da censura, a gente montava peças estrangeiras, principalmente autores russos. Depois de uma apresentação de *Os Pequenos Burgueses* no Sindicato dos Metalúrgicos, um alemão veio até nós: *"Não gostei dessa peça de ju-deu, falada em judeu, com todo mundo vestido feito judeu"*. E a peça era simplesmente russa.

Era um clima de contestação sim, mas bem diferente da agitação de outros palcos. Em 1968, na *Feira Paulista de Opinião*, Plínio Marcos escreveu uma peça, em que Renato Consorte representava um gorila, vestido de soldado, com chapéu do exército. Ele entrava no palco com uma peça na mão, toda marcada de vermelho, e continuava cortando as falas com uma caneta grossa. Depois, abaixava a calça, sentava no chapéu, arrancava as páginas e se limpava com elas. Acabou preso, meu amigo Plínio, que era uma delícia de pessoa.

Chico e eu éramos muito amigos do Plínio e da Walderez de Barros, batizamos a filha mais nova deles e freqüentávamos a casa um do outro. Nos conhecemos no teatro – eles trabalhavam com Cacilda Becker -, mas a amizade veio nos corredores da *Tupi*. Plínio escrevia crônicas no jornal e volta e meia me incluía como personagem. Eram crônicas muito engraçadas e numa delas ele dizia que tinha sonhado a vida inteira em ser figurinha de álbum e ficou feliz quando foram na *Tupi* fotografar os atores para um álbum. Um dia, andando pela rua enlameada depois de muita chuva, viu um monte de figurinhas espalhadas, várias com a foto dele. Ele ficou triste, pois não era uma figurinha difícil. Daí ele deparou com dois meninos jogando abafa e sem conseguir virar as figurinhas. *"Claro, tem um monte de Etty Fraser aí no meio"*, concluiu o meu amigo sacana. Em outra de suas crônicas, minha personagem na novela era perseguida por uma fã insistente. Às vezes era tudo verdade, outras não, mas sempre eram brincadeiras carinhosas de meu saudoso amigo, que me apelidou de "gordinha sexy".

Elenco da montagem de Os Inimigos

Capítulo XV

Lua-de-mel Soviética

Uma representante da alta burguesia na peça *Os Inimigos* veio enriquecer a minha já representativa galeria de mães. Para vivê-la, era preciso me livrar da encantadora e simplória Akoulina, que representei por mais de um ano em *Os Pequenos Burgueses*, uma mulher do povo, esculachada e mal-vestida, sempre de avental na mão, que sentava de pernocas abertas e ficava o tempo todo servindo samovar. Minha nova personagem era uma mulher fina com colares de pérolas, roupas lindas e o cabelo impecável todo para cima. Com dificuldade de "encontrar" essa mulher, lembrei que D.Leonor Mendes de Barros, mulher do governador Adhemar de Barros, era uma senhora desse tipo. E tínhamos a mesma cabeleireira, que passou a me avisar quando D.Leonor ia ao salão e eu ficava lá observando. Também tirei coisas da elegante Madame Segall, sogra da Beatriz Segall, que também fazia a peça. Usava um vestido de tafetá lilás e por cima usava um casaco de renda muito bonito, bem parecido com um da Madame Segall. Baseada nessas duas mulheres finérrimas criei a personagem e ganhei os prêmios *Molière, Saci* e *Governador do Estado*. Foi uma das raras vezes que fiz laboratório para viver uma personagem.

E não sou daquelas que costumam levar o personagem pra casa. Nem que a vaca tussa. Se levasse, ia ficar bem lelé. Saio do palco, quando vou para a coxia já sou eu.

Com um pequeno exército de 21 atores, *Os Inimigos* marcou a volta do Zé Celso, depois de uma temporada na Europa com uma bolsa de estudos do governo francês. O cenário do Flávio Império era deslumbrante, o chão era todo forrado de gobelin, e necessitava de um teatro maior. Estreou no *TBC* e fez sucesso, mas não como *Os Pequenos Burgueses*. O tema era patrões versus operários versus repressão. Eu vivia a esposa do dono de uma fábrica, com certa simpatia pelas causas operárias e Chico, um dedo-duro. Lineu

Dias representava o meu marido e nossos personagens morriam de medo que os operários viessem levar seus bens. Minha personagem recolhia todas as pratas da casa e ficava sentada no chão, segurando aquelas tralhas todas. Zé Celso queria que nossas cenas fossem engraçadas, que todo mundo risse, mas com aquele medo todo rondando nossas cabeças, as pessoas chegavam a chorar, até que durante a temporada carioca tivemos uma bela surpresa. Abraçados, Lineu e eu estávamos fazendo a tal cena e começou uma gargalhada geral. *"Conseguimos"*, cochichei no ouvido nele. Ele me ajudou a levantar do chão e fomos caminhando bem devagar em direção à coxia. Foi aí que vimos uma ratazana correndo em volta do praticável e era disso que as pessoas riam.

Na manhã do dia 31 de maio de 1966, antes das nove horas, o telefone lá de casa tocou e era o frentista do posto de gasolina em frente ao *Oficina*, avisando que as chamas estavam destruindo tudo. Chico e eu saímos às pressas e quando chegamos lá não havia mais nada a fazer.

O cenário era desolador, a coisa tinha sido rápida e os bombeiros já encontraram o teto caído. No *Oficina* estava em cartaz o show *A Criação do Mundo Segundo Ary Toledo*. A temporada carioca de *Os Inimigos*, no *Municipal*, tinha acabado no começo do mês. A parede abriu e o teto caiu inteirinho: era o fim do *Oficina*, pelo menos aquele que até então tinha existido. O que pouca gente sabe é que o fogo foi causado por uma arrumadeira, que derretia cera debaixo de uma escada. A coitada da mulher tinha um monte de filhos e nós pedimos muito para o corpo de bombeiros declarar que tinha sido acidente. Para completar o clima de desolação, o nosso seguro tinha vencido um mês antes.

De onde iria sair a grana para reconstruir o galpão e devolver para o dono? A solução era trabalhar, trabalhar muito. A classe se movimentou e a Cacilda Becker cedeu seu teatro para uma *Retrospectiva do Oficina*, com *A Vida Impressa em Dólar, Os Pequenos Burgueses* e *Andorra*. As três peças ficaram em cartaz durante alguns meses e depois levamos a retrospectiva para o

Rio, onde entrou uma remontagem de *Quatro num Quarto*. Essa peça tinha sido montada antes dos *Burgueses*, quando eu estava afastada do teatro para ter meu filho, ficou vários meses em cartaz e salvou o *Oficina* numa época em que as coisas estavam muito ruins. Apelidada pela crítica de *"vaudeville soviético"*, é uma comédia muito gostosa sobre dois rapazes que moram juntos e casam no mesmo dia com noivas de condições sociais diferentes. Tudo gira em torno desses casais completamente diferentes. No cartaz, vinha a seguinte chamada: *"A lua-de-mel soviética mais engraçada do mundo"*.

Nós ficamos viajando para pagar e reconstruir o teatro. Muita gente nos ajudou. Sabendo que estávamos na batalha para sustentar os atores, Dionísio Azevedo chamou a mim e Raul Cortez para o elenco de *Ninguém Crê em Mim*. Escrita por Lauro César Muniz e produzida pela *TV Excelsior*, foi minha primeira novela. Lembro de quase nada.

Com Renato Borghi em O Rei da Vela

Capítulo XVI

Total Maluqueria

Com palco italiano e mais lugares, o novo *Teatro Oficina* foi inaugurado com *O Rei da Vela*, montagem histórica, até hoje cantada em prosa e verso. Na primeira leitura, achei um horror aquela peça que depois resultou num espetáculo lindo: primeiro ato de circo, o segundo tipo teatro de revista e o terceiro uma ópera. E tinha os cenários do Helio Eichbauer. Tudo era fálico em cena. Como D. Cesarina, eu aparecia de maiô, chupando um sorvete fálico, uma imensa banana com duas bolas. Era uma coisa absurda. A Helena Silveira descreveu assim minha performance: *"Etty sentada num balanço, contornado por cordões de flores, saltava sobre minha cabeça em total maluqueria. Quase morria de medo quando seu grande corpo ia e vinha, voando sobre a platéia"*. Em outubro de 1967, antes do espetáculo para a classe teatral, o *Oficina* recebeu a "visita" de alguns policiais que retiraram objetos de cena, inclusive um canhão, que era o membro de um boneco enorme que ficava na entrada de cena.

O *Rei da Vela* foi aquele sucesso maravilhoso e fomos convidados para os festivais de Nancy, na França, e Florença, Itália. Para a viagem, aproveitei a passagem do *Molière* que tinha ganhado com *Os Inimigos*, Renato Borghi a dele por *Andorra* e Ítala Nandi já estava por lá. Fui a última a chegar à Europa e meu marido não foi, ele estava envolvido com as filmagens de *Panca de Valente*, o filme do Luiz Sérgio Person.

Em Roma, tomei um trem e no meu compartimento tinha uma pessoa só. Com meu italiano macarrônico, comecei a conversar com o rapaz, que era de um partido italiano de esquerda. Contei da peça, do Festival de Florença. *"Esse festival é pra alta burguesia italiana e eles vão odiar a peça de vocês"*, ele me disse. Na estação, a turma toda estava à minha espera. O espetáculo foi no *Teatro de La Pergola* e apareceram por lá Ruggero Jacobbi e Luciano Salce, diretores italianos que tinham trabalhado no *TBC*. A peça tinha tradução simultânea e Liana Duval fizera uma rápida pesquisa de rua, descobrindo o repertório de palavrões locais. A danada resolve falar os palavrões em italiano e foi um constrangimento só para aquela platéia de casaco de peles e jóias. Parecia que estávamos fazendo o espetáculo para um bloco de gelo e mesmo com audiofones nos ouvidos ninguém entendia nada. Com os críticos a coisa foi semelhante e chegaram a questionar o mau-gosto do verde-amarelo do nosso cenário. Resumindo: eles não tinham entendido nada e achavam que só queríamos chocar a burguesia. Era uma peça de crítica ao Brasil, mas quem não conhecia nosso país, ficava boiando.

Depois da apresentação e de um banquete muito mixuruca, fomos com alguns críticos comer alguma coisa na estação de trem, à uma hora da manhã. Veio um negrão, perguntou se podia sentar ao meu lado e eu nem pensei em recusar, pois podiam achar que era racismo. Primeiro ele perguntou se queria beber alguma coisa, e logo depois me convidou para ir à casa dele. Zé Celso estava ao meu lado e eu falei que ele era meu marido e o safado disse mais que depressa: *"Traz ele também"*. O pessoal adorou a história e chegaram a mandar cartão pro Chico dizendo que eu estava arrebentando corações por lá.

No Festival Internacional de Nancy, em que participavam grupos de jovens do mundo todo, a coisa foi melhor. Nem o atraso dos cenários, que vinham de trem de Florença e chegaram em cima da hora, prejudicou. Também tinha tradução simultânea e Liana repetiu sua performance, dessa vez atacando os palavrões na língua de Edith Piaf, mas ninguém ficou escandalizado. E o espetáculo foi convidado para uma apresentação em Paris, no *Teatro de Aubervilliers*. Em Paris, tínhamos público garantido, principalmente entre os exilados, mas o teatro era imenso e era importante não deixar espaços vazios. Fernando Peixoto descobriu que havia uma favela portuguesa nos arredores da "cidade luz". Vestindo um mantô muito bonito com gola de vison e um chapéu do tipo russo, fui com ele até o tal bairro convidar os portu-gueses. A gente batia na porta, falava em português e eles só respondiam em francês. Depois de muito estresse, consegui explicar que éramos atores brasileiros e que queríamos convidá-los para o espetáculo. Chegou de noite, eles vieram em vários ônibus, com criança no colo, algazarra, uma festa. Morriam de rir quando falavam os palavrões, só. Não entenderam nada.

Na noite de nossa apresentação, Paris ferveu. Mas infelizmente não era diante do poder de fogo de *O Rei da Vela*. Era maio de 1968 e a revolução estudantil estava nas ruas tomadas por barricadas, incêndios, prisões, carros em chamas. Estávamos no Quartier Latin, e quando voltamos para a cidade de metrô não conseguíamos mais entrar. Meus colegas iriam ficar mais um dia e eu, doida de saudades do meu marido, tinha passagem marcada para o dia seguinte. A dona do hotel me aconselhou a ir logo para o aeroporto, prevendo que a greve geral iria estourar, e não teria mais aviões nos dias seguintes.

Como os carros não entravam mais lá, Renato Borghi e Abrahão Farc atravessaram a ponte do Quartier Latin comigo. Consegui um táxi, fui para o aeroporto, aluguei um banho e fiquei até a manhã seguinte, quando entrei no avião para voltar ao Brasil. Passei a noite no aeroporto, que estava vazio, dentro de um banheiro, tomando um banho quente. Voltei e "esqueci" todos os jornais com as críticas ruins.

A greve geral estourou no dia seguinte e o pessoal do elenco ficou um mês sem poder regressar. Eu daqui não tinha como mandar dinheiro e eles se viravam com amigos. Nossos cenários só voltaram ao Brasil depois de três meses. Com isso, evaporou-se toda a repercussão que nossa viagem a Europa poderia ter.

Estávamos sem dinheiro e sem os cenários para apresentar a peça. Depois, uma parte do grupo, Zé Celso inclusive, foi para o Rio, e já estavam começando a pensar em *Galileu Galilei*, que seria a próxima peça do *Oficina*. Estava muito cansada, tinha construído três teatros, e quando vi aquela gente desconhecida do Rio chegando para fazer *Galileu*, decidi sair por um tempo do grupo para descansar. *"Você não vai voltar"*, todos me diziam, e eu retrucava com um *"volto sim"*.

Logo veio convite do Augusto Boal, que era do *Arena*, para *MacBird*, uma paródia de *Macbeth*, em que a autora culpava Lindon Johnson de ter mandado matar Kennedy. Eu representava a mulher dele, que era miudinha e apelidada de Lady Macbird. Entrava em cena cantando, vestida com uma minissaia de couro, revólver na cintura e chapéu de cowboy. O fato de desconhecerem *Macbeth* por aqui, tornou o espetáculo incompreensível.

Zé Celso chamou Miriam Muniz para fazer *Galileu Galilei*, que era um espetáculo maravilhoso, assim como *Na Selva das Cidades*, com Renato Borghi e Othon Bastos. Quando Zé Celso foi fazer *Roda Viva* começou a debandada do *Oficina*. O grupo que eu ajudara a fundar, tinha mudado completamente.

Capítulo XVII

Nos Corredores da Tupi

A turma do teatro não queria saber de televisão no final dos anos 60. Lembro bem a primeira vez que gravei a novela *Nino, O Italianinho*. O câmera disse para o diretor que eu "estava vazando" e a minha primeira reação foi ver se não tinha feito xixi. Só depois percebi que era uma linguagem técnica e o homem simplesmente não conseguia me enquadrar no vídeo.

Em 1968, veio o convite do Bráulio Pedroso para *Beto Rockfeller*. Minha personagem, Madame Waleska, ia aparecer em apenas um capítulo, mas a participação foi aumentada e estive em dez capítulos dessa novela que entrou para a história como aquela que modernizou o gênero. Madame Waleska era uma cartomante fajuta e namorava o personagem do Lima Duarte. Nossa, como os dois falavam. Aquela mulher tinha um apetite incrível e eu devorava frangos inteiros em cena. Era tudo baseado em comida. Teve uma vez que comi tanto bolo Pullman que nem podia ver essa guloseima na minha frente.

Chamada pela *Globo* para *A Cabana do Pai Tomás*, me ofereceram um bom salário. Passei na *Tupi* para receber o cachê pela participação no *Beto*. Encontrei Walter Negrão e ele me avisou que Geraldo Vietri andava feito louco atrás de mim. Ele tinha adorado minha participação em *Beto Rockfeller* e escrevera um papel especialmente para mim em sua próxima novela, *Nino, O Italianinho*. Vietri me contou a história, adorei a personagem, gostei de tudo, e ele ainda me fez uma oferta maior que a *Globo*. Tudo muito bom, só faltava voltar à emissora carioca para dizer que não ia fazer a novela deles.

O homem que cuidava dos contratos me deu um chá de cadeira, até que ameacei ir embora e pedi para a secretaria avisá-lo de que eu estava fora da *Cabana*. Fui chamada imediatamente. Só um tempo depois é que fui entender porque o executivo demorou tanto a me atender. Sérgio Cardoso, o protagonista da novela, tinha exigido a contratação da Norah Fontes, que estava perto de se aposentar e precisava de um contrato maior, e o homem estava sem coragem de me dar a notícia. Soube dessa história conversando com Norah, anos depois.

Nino, O Italianinho foi um sucesso daqueles e ficou mais de um ano em cartaz. Era o começo do videotape, que era muito caro, e não podia se repetir muito as cenas. Quando a gente errava levava cada bronca. Eu interpretava Adelaide, mãe da Bibi Vogel, casada com Elias Gleizer.

Com sua família em Nino, o Italianinho

Pela semelhança dos sobrenomes e nossos narizes semíticos, as pessoas levaram anos pensando que Elias e eu éramos casados na vida real. Representávamos uma família pobre que morava naquela vila toda de casinhas iguais, que muita gente lembra até hoje. As externas eram gravadas numa vilinha da Rua Oscar Freire, bem perto do Sumaré, onde ficavam os estúdios da *Tupi*.

Minha filha, papel da Bibi, era do tipo ambiciosa e, apesar de noiva de um joalheiro rico (Wilson Fragoso) dava em cima do Nino, que era o Juca de Oliveira. Isso me trouxe problemas. Foi na gravação de uma cena no aeroporto. De repente, passa um homem vendendo pastel e segurando uma bandeja. O danado veio direto em mim, deu uma pancada na minha cabeça e foi me chamando de *"mamma de putana"*. Atônita, só atinei de dizer que eu não tinha filha nenhuma. O homem ficou com tanta vergonha de ter me agredido, que pegou um papel, embrulhou dois pastéis e me deu. Nessa novela conheci gente que ficou muita amiga.

É o caso do Tony Ramos, que se casou com a Lidiane durante as gravações, com Aracy Balabanian e Geraldo Vietri como padrinhos.

Um dos destaques de *Nino, o Italianinho* foi Dona Santa, uma italiana muito gente boa que a Miriam Muniz fazia. No final das gravações, fui convidada para um papel em *Simplesmente Maria*, ganhando mais que o dobro. Eu não sabia, mas era uma personagem recusada pela Miriam, que não queria representar mais uma mamma italiana. Dirigida pelo Benjamin Cattan, *Simplesmente Maria* era estrelada pelo casal Yoná Magalhães e Carlos Alberto e tinha um elenco ótimo, inclusive Walderez de Barros e Tony Ramos, que fazia o filho da sofrida protagonista. Eu representava Dona Pierina, mãe do Carlos Alberto, dona de uma casa de cômodos.

Emendei *Simplesmente Maria* com *Vitoria Bonelli,* meu retorno aos personagens do Vietri. Dessa vez fui Hipólita, mulher simples que morava numa espécie de porão embaixo da cantina da Vitoria Bonelli, que era a Berta Zemmel. Morava com a irmã (Ruthinéia de Moraes) e a sobrinha, Claudia Mello.

Em Vitória Bonelli, com Ruthinéia de Moraes (acima) e Ana Maria Dias e Berta Zemmel (abaixo)

Depois desses dramas todos, encontrei a comédia na TV em *O Machão*, que começou escrita pela Ivani Ribeiro e depois ficou com Sérgio Jockyman. A novela era maravilhosa, assim como o elenco, que tinha Antônio Fagundes, Maria Isabel de Lisandra, Lisa Vieira, Irene Ravache e Chico Martins. Foi o primeiro protagonista do Fagundes, que repetia com Maria Isabel a dupla romântica de *Mulheres de Areia*.

Meu papel era a Mimosa, a dedicada babá de Catarina (Maria Isabel) e Bianca (Lisa Vieira), as mocinhas da história. Era uma governanta muito simpática, marota, ciente de seu dever. Para construí-la, usei muito de minha babá verdadeira, D. Corina de Oliveira, que na época da novela tinha 80 anos. Fui uma garota rebelde e tinha ciúmes da atenção da babá para com minha irmã. Era uma peste e aprontava cada uma com a coitada. Teve uma travessura que me fez levar uma surra incrível. Com ciúme dos carinhos que a Vivienne recebia, me tranquei no banheiro, enchi a bacia de papel, algodão e álcool e taquei fogo. Depois fiquei sentadinha lendo uma revista e esperando o resultado. Logo se formou uma fumaceira e vieram os gritos desesperados de D. Corina para que eu abrisse a porta. E eu bem dramática e tossindo pra valer: "Estou me suicidando porque você me persegue. Só gosta da Vivienne". Depois de muita insistência e promessas de que seria bem tratada, abri a porta. Nem é preciso dizer que levei a maior surra da minha vida. Muitos detalhes que coloquei em Mimosa foram retirados da D. Corina, como o fato dela cantar o tempo todo, quase sempre cantigas de roda, como *Terezinha de Jesus*.

Elenco de O Machão

Mimosa era super-namoradeira, sempre às voltas com decepções amorosas, mas no final encontrava um bom partido e conseguia realizar seu sonho: casar de véu e grinalda. Chico estava na novela e fazia um mau-caráter dono de uma confeitaria. Há alguns anos, a *Globo* refez *O Machão* com o nome de *O Cravo e a Rosa* e adorei assistir Sueli Franco vivendo essa personagem tão marcante.

Com Luis Gallon, diretor de O Machão

Duas senhoras européias seriam minhas próximas personagens em histórias do Geraldo Vietri. Em *Meu Rico Português* foi Tante Frida de Blumenau, uma professora de ginástica bem divertida. Já a Evelyn de *Os Apóstolos de Judas* era uma geniosa senhora inglesa, dona de um frigorífico. Era uma senhora emproada, a mais nariz pro ar das minhas personagens nas novelas. Vietri queria que eu fizesse com sotaque, mas bati o pé.

Como D. Pierina, em Simplesmente Maria

Capítulo XVIII

A Turma do Vietri

Nas novelas da *Tupi*, tinham os atores do Geraldo Vietri e do Carlos Zara. Era uma separação bem grande e a gente até brincava com isso. *"Vocês são atores do Vietri"*, Zara dizia. E realmente nunca fiz uma novela dirigida por ele. Já do Vietri foram quatro: *Nino, Vitória Bonelli, Meu Rico Português* e *Os Apóstolos de Judas*. E também dois filmes, *Senhora* e *Diabólicos Herdeiros*. Quando ele convidava para um trabalho, já tinha a personagem pronta na cabeça, e baseada no ator. Não tinha como errar nos papéis escritos por ele.

Capaz de xingar durante meia-hora e depois mandar um buquê de flores imenso, com declaração de amor e tudo, Vietri tinha um gênio terrível. Chico e eu fomos muito amigos dele e estivemos sempre próximos. Ele gostava demais de nós, adorava nos presentear e minha casa está cheia de lembranças do Vietri. Mas claro que brigava muita com a gente também. Em *Meu Rico Português*, ele infernizou a vida do Chico, que fazia o papel de um solteirão fofoqueiro. Em suas maluquices, quando queria chamar a atenção de alguém com quem não tinha intimidade, Vietri preferia atacar a pessoa com quem era mais íntimo, extravasava e continuava a gravar. Os amigos é que levavam, mas a gente gostava muito dele.

Neurótico e muito talentoso, o nosso amigo nasceu e foi criado na Moóca, filho de uma italiana que desde que o marido morreu passou a se vestir de preto. Vietri tinha um conhecimento grande da classe média paulistana, que povoava suas novelas. Silvio de Abreu conta que gostava muito das novelas dele e se inspirou nelas.

Geraldo Vietri trabalhava feito um condenado. Além de escrever as novelas, também dirigia e ajudava a cortar, montar. Ele tinha uma sala na *Tupi*, onde até dormia muitas vezes, e se refugiava por lá para escrever, logo depois de gravar durante horas. Enquanto escrevia, ia falando e chorava de emoção com as cenas. Nas gravações, chorava novamente e quando assistia, também chorava. Ele trabalhava tanto que às vezes ficava doente, ia para o hospital. E tinha que chamar alguém para ajudar.

Nos períodos de folga entre uma novela e outra, Geraldo Vietri fazia seus filmes. Estive no elenco de dois. O primeiro foi o policial *Diabólicos Herdeiros*, onde os treze herdeiros da trama morrem. Minha personagem acaba com um punhal enfiado de um lado para outro do pescoço. Já *Senhora* era um drama histórico bem interessante, baseado no romance de José de Alencar. Eu interpretava a babá da mocinha (Elaine Cristina), o galã era Paulo Figueiredo e Chico estava no elenco.

Uma vez estávamos no restaurante da *Tupi*, seis atores à mesa e apareceu Claudio Correia e Castro. *"Ainda bem que chegou um ator"*, Vietri disse naquele jeitão de sempre.

"É uma pena que não tenha nenhum diretor aqui", retrucou Flavio Galvão. E Geraldo Vietri

ficou furioso. Era assim: ele fazia as coisas para chatear, para amolar as pessoas. Vietri adorava chuva e enterro e suas novelas sempre tinham cenas com esses dois temas.

No filme Senhora, com Chico Martins e Elaine Cristina

Capítulo XIX

Panca de Estrela

De pegnoir e bobs, abro uma porta e digo que fulano não está em casa. É assim minha primeira participação em cinema, no filme *São Paulo S/A*, do Luiz Sérgio Person. Éramos amigos e ele me pediu para fazer essa pontinha.

Em 1968, Person dirigiu *Panca de Valente*, um faroeste muito engraçado estrelado pelo Chico Martins, que adorava esse filme, onde interpretou o mocinho cujo único defeito era não ser corajoso. Ah, *no Panca de Valente*, Silvio de Abreu faz uma ponta semelhante a minha no *São Paulo S/A*.

Revi faz pouco tempo e adorei *Transplante de Mãe*, dirigido pelo Sebastião de Souza, um dos três episódios de *Em Cada Coração um Punhal*, rodado no finalzinho dos anos 60, e que o tempo transformou em clássico do cinema marginal. O roteiro inspirava-se em *Coração Materno*, aquela música do Vicente Celestino, que começa assim: *"Disse um campônio a sua amada"*. John Herbert era o campônio, eu a amada e Liana Duval a mãezinha dele. Tem muitas loucuras na história, inclusive homenagem a Zé Celso, com o sorvete fálico que eu chupava no *Rei da Vela*. Minha personagem ficava sempre na beira da estrada, o amado dava aquele *"boa tarde"* com sotaque caipira e ela não perdia tempo: *"Me paga um cuba?"*

Cenas de Transplante de Mãe (com John Herbert abaixo)

Em outra seqüência, estou numa charrete cheia de flores, com sombrinha, vestida de cor-de-rosa e cantando *"Pela estrada afora / eu vou bem contente / levar esses doces para a vovozinha"* e passo pelo campônio, que está fazendo cocô atrás de uma bananeira.

O campônio arranca o coração da mãe, uma cabocla que assiste TV o tempo todo. Quando ele a mata e abre o coração, começa a sair sabonete, sabão em pó, tudo o que a mulher consumia diante da televisão. Ele pega aquele coração fumegante, leva para a amada, que fica desesperada e se mata ali mesmo.

Uma sangueira danada. No final, os três em direção aos céus vão subindo a montanha com uma bandeira da TFP e as duas mulheres vestidas de anjo. Saí para filmar direto da pensão onde estávamos com o figurino completo, toda vestida de anjo. No caminho, encontrei um padre que me perguntou: *"A senhora vai pra procissão?"* Durante as filmagens, em Nazaré Paulista, aconteceram coisas bem engraçadas. Dois caipiras locais estavam sempre por perto e ao me ver naqueles trajes, um deles falou: *"Essa daí é mulher dama"* e o outro completou *"e das baita!"*

Macho e Fêmea era uma produção da chamada Boca do Lixo paulistana, estrelado pela Vera Fischer, no auge da fama de símbolo sexual.

Apesar do título dúbio apontar para porno-chanchada, *Efigênia Dá Tudo o Que Tem* satirizava o gênero.

Eu vivia a personagem do título, uma mulher muito rica, excêntrica, comilona e cheia de caprichos. Doida por televisão, ela tem um monte delas em volta da cama e é tarada por um roqueiro misto de Waldick Soriano com Elvis Presley, que era o papel do Ricardo Petraglia.

Efigênia sabe o dia em que vai morrer e deixa um testamento com uma fortuna para o amado artista, mas com uma condição: ele tem um ano para ter uma filha e batizá-la com seu nome. Numa cena divertida, a doida vai de bicicleta entregar os convites para o seu próprio enterro. As filmagens foram na Radial Leste e eu, há mais de trinta anos afastada das bicicletas, me equilibrando em duas rodas, de peruca branca, casaquinho bege e um monte de gente parando para me ver. Muitas das cenas de *Efigênia* foram filmadas nos bastidores da *TV Tupi*, com participações especiais de Antônio Fagundes e Hebe Camargo.

Dora Doralina foi filmado em fevereiro e março de 1978, em Fortaleza, Sobral e no Rio São Francisco, coincidindo com a segunda montagem de *Os Pequenos Burgueses*. Era em cima de um livro da Raquel de Queiróz que eu adorava, mas infelizmente o filme ficou muito distante do original. Perry Salles era o diretor e Vera Fischer, mulher dele na época, a estrela. Miriam Mehler, que tinha sido casada com Perry, Gracinda Freire, Cleyde Yaconis, Sônia Oiticica e Fregolente eram meus colegas de elenco. Nas filmagens rolaram coisas muito engraçadas. Além de dirigir, o maluco do Perry interpretava o papel principal. Eu representava a atriz de uma companhia mambembe, onde a protagonista ingressava, e que se deslocava do Rio para o Norte.

Perry conseguiu uma barcaça para filmarmos no Rio São Francisco a cena da entrada da trupe no barco, com galinha, pato, peru, bode. Estávamos todos com roupas de linho branco, bem de acordo com a moda dos anos 40. Acocorado na beira do rio, fumando um cigarrinho, um morador local me perguntou se ia demorar.

"Ih, o senhor nem imagina o que é isso. Cinema demora". O nativo me apontou uma nuvenzinha e disse: *"Daqui a pouco ela vai crescer, vai cair um toró"*. Perry, que estava nos filmando numa barca no meio do rio, não quis nem saber. Logo que começamos a descer o rio veio uma chuva fininha. Quando entramos no barco, eu disse: *"Vou para meu camarote tirar essa roupa para não sujar"*. Gracinda Freire desceu junto, trocamos de roupa e fomos jogar cartas. A chuvinha continuava e logo Perry estava aos gritos nos chamando para filmar. Disse que não ia subir, que a chuva ia aumentar e sujar toda nossa roupa. *"Etty, você está destruindo meu filme"*, ele berrava. Como o homem avisara, começou a cair um toró daqueles. Gordo daquele jeito, Frego-lente se espatifou no chão com seu terno de linho branco, e todo o elenco ficou enlameado. Só meu vestido branco e o da Gracinda estavam impecáveis. No dia seguinte, tivemos que parar no porto, mandar lavar tudo numa tinturaria e perdemos dois dias de filmagens. Tudo por uma besteira. Foi uma filmagem repleta de contratempos. O som era direto e certa vez Perry e o sonoplasta

tiveram uma discussão braba. Enfurecido, o técnico pegou a caixa de som que era alugada e jogou ao chão. Tiveram que ir ao Rio comprar uma caixa nova.

Fiquei muito entusiasmada em fazer *O Homem do Pau Brasil*, com o Joaquim Pedro de Andrade. O filme era a história do Oswald de Andrade, que era apresentado como homem e mulher e representado por Ítala Nandi, Dina Sfat e Flavio Galvão. Meu papel era Olívia Penteado, apelidada de Dona Azeitona. Filmamos numa fazenda de café, eu andava de charrete também; num navio chegando da França; num salão de baile que tinha um sapo que pulava embaixo das mesas, no Teatro Municipal, no Porto de Santos. Pena que tenha ficado um filme muito estranho, ruim mesmo.

Capítulo XX

Musicais e Comédias dos 70

Em ritmo de musical. Assim chegaram os anos 70 para mim, pelo menos no teatro. Em 1971, fiz participação especial num espetáculo que marcou época, *A Capital Federal*, que Cleyde Yaconis produziu. Foi uma atitude muito bonita da Cleyde usar dinheiro do bolso dela para uma peça em que não participou como atriz e que revelou muita gente, inclusive Suely Franco, magrinha e linda. Lutero Luiz e eu, que usava uma espécie de mantô branco, interpretávamos os caipiras mineiros chegando à capital. Nunca tinha cantado em cena e o músico Paulo Herculano me ajudou muito. Chico Martins também trabalhou nesse espetáculo lindo, com um elenco delicioso.

Na temporada carioca de A Capital Federal, Gracinda Freire me substituiu.

Aconteceu o contrário com *Um Violinista no Telhado*. O musical estreou no Rio e quando chegou a São Paulo fiz o papel que Ida Gomes criara. Apesar de não saber cantar, e por isso ter perdido um papel na *Ópera dos Três Vinténs*, eu queria muito fazer *Um Violinista*. Nos testes com Paulo Herculano, fui logo falando de minhas deficências. *"Eu sei que você não sabe"*, disse-me ele, que resolveu a questão e me deu a Goldie, uma personagem linda. Eu cantava três músicas e quando percebia que ia desafinar desatava a chorar, o que tinha tudo a ver com a mãe judia que eu representava, e no dia do casamento do filho ainda por cima. Eu chorava, cantava chorando.

Depois de dois musicais, foi a vez da comédia escrachada *Da Necessidade de Ser Polígamo*, com trama em cima dos hippies, o que era meio fora de época para 1974, quando eles já estavam em extinção. Eu representava uma doidivana que passa a sair com um garotão para provocar ciúmes no marido, de caso com uma garota mais jovem e rica. De peruca black power e vestida de maneira espalhafatosa, ela tentava parecer hippie. Jayme Barcellos representava o marido, Jussara Freire e Ewerton de Castro nossos respectivos cachos.

Com um monte de flores e uma borboleta desenhada na parte de trás, o figurino da minha personagem era tão doido que desfilei com ele na *Banda Bandalha*. Esta banda foi invenção do Plínio Marcos, que um dia resolveu que São Paulo também merecia um bloco carnavalesco. Saíamos da frente do *Teatro de Arena* (agora *Eugênio Kusnet*), todos fantasiados. Eva Wilma, Walderez de Barros, Chico Martins, dezenas de atores e jornalistas. Eu toda orgulhosa com a faixa de *Rainha da Banda Bandalha*.

Imaginem eu, com 100 quilos, a carioquinha, rainha de uma banda paulista. Só mesmo Plínio para inventar uma coisa dessas. Ah, era pra eu sair em cima de um caminhão, mas sambei mesmo é no asfalto.

Voltei ao espaço físico do *Oficina* com *O Duelo*, encenada em 1975, e escrita pelo português

Bernardo Santareno que veio ao Brasil nos assistir. Era uma história de amor à la Romeu e Julieta entre o filho de um colono (Antônio Fagundes) e a mimada filha do patrão (Maria Isabel de Lizandra). A direção era do Roberto Vignatti e minha personagem se chamava Mariana.

Com direção do Flávio Rangel, *No Sex Please* me levou de volta ao riso. No Rio foi um sucessão, que não se repetiu na temporada paulista, com outro elenco, o que foi uma pena pois era uma comédia deliciosa. O texto muito inteligente criticava a hipocrisia da sociedade diante da onda da pornografia em que havia se degenerado o movimento de liberação sexual dos anos 60. Eu vivia uma inglesa aristocrática casada com o personagem do Chico. Foi a única peça que fiz junto com uma novela. Gravava *Salário Mínimo* na Vila Guilherme, saía de lá às seis e quando chegava no *Teatro Maria Della Costa*, o meu cabeleireiro Pepe já estava me esperando para mudar o visual. Foi uma correria.

A Capital Federal (acima, com Lutero Luiz) e Um Violinista no Telhado (abaixo)

Capítulo XXI

A Degringolada

Tchan, a Grande Sacada!, escrita por Marcos Rey, foi gravada já na degringolada da *Tupi*. Afastada do bailado desde o começo do rock and roll, fiz aulas de dança moderna para dar vida a Madame Duducha, milionária excêntrica e dona de uma boate de luxo. Era uma mulher muito louca, apaixonada pelo personagem do Raul Cortez. Nessa novela fui beijada em cena pela primeira vez, e pelo Raul. Ele perguntou em que plano a cena seria gravada e eu fiquei impressionada com os conhecimentos técnicos do meu amigo desde os tempos de *Os Pequenos Burgueses*. O que não podia imaginar é que ele estava aprontando. Na hora do beijo, gravado em plano fechado, Raul me deu um beliscão na bunda e quase morri de rir.

Na época de *Tchan*, eu participava do júri do *Programa do Chacrinha*, o que foi uma delícia.

Gozado é que ele sumia antes de o programa começar. Eu perguntava onde o Chacrinha estava e seu filho sempre respondia: *"No banheiro"*. Ele era acometido de dores de barriga e se refugiava no banheiro até ser chamado ao palco. Era o ritual do Velho Guerreiro, uma simpatia de pessoa. Mais tarde, também fui jurada do programa Silvio Santos e aproveitava para dar dicas de peças teatrais.

Minha última novela na Tupi foi *Salário Mínimo*, no papel de Letícia, dona de restaurante maldosa e antítese da heroína interpretada por Nicette Bruno.

Antes da derrocada final da emissora, ainda estive num quadro para o programa feminino que era apresentado à tarde. Era *A Supermãe*, baseado nos quadrinhos do Ziraldo. Meu papel era Augusta, mãezona do mimadíssimo Marcos Augusto, que era vivido pelo Marcos Caruso. Era uma idéia ótima, mas o programa teve vida curta.

Capítulo XXII

Publicidade e Culinária

Comecei a ser descoberta pelo mercado publicitário, quando Eva Wilma e John Herbert não renovaram o contrato com a rede de *Lojas Ultralar*. Renato Consorte e eu fomos contratados para fazer um novo casal. Sempre metida, tive a idéia de que a dupla seria a cada semana de uma nacionalidade. Ficamos um tempão no vídeo, vestindo roupas típicas de alemães, judeus, portugueses, italianos e a campanha foi um sucesso.

As reações do público eram muito engraçadas e guardo boas lembranças desses comerciais, que eram gravados depois que eu saía do teatro, às vezes até quase o dia amanhecer. Com o tempo, tornei-me uma das atrizes mais bem pagas em propaganda na época, lancei produtos que estão por aí até hoje, como *Pomarola* e o *macarrão da mamma.*

Pouco antes da *Tupi* fechar de vez, a *Cica* me convidou para fazer um programa de culinária, dirigido pelo Luis Gallon. Primeiro gravávamos nos estúdios da emissora, e depois passamos para a *Record*.

Com o fim do canal, meus colegas da *Tupi* começaram a mudar para o Rio em busca de trabalho. Eu queria ficar em São Paulo, pois meus pais estavam velhinhos, minha irmã tinha ido embora para os Estados Unidos e meu filho estava na faculdade. O convite da *Cica* veio a calhar. Perguntaram se sabia cozinhar, falei que sim, mas que estava longe de ser uma cozinheira de mão cheia. *"Você vai nos dar aulas"*, foi a resposta. Era um salário ótimo, muito mais do que se fosse fazer novelas no Rio. Mais: eu gravava os cinco programas da semana durante um único dia.

Fiquei oito anos apresentando o programa e muita gente ainda me fala das *"aulas de culinária"*. Se alguém dissesse que eu não sabia cozinhar, as donas de casa ficavam furiosas. As novelas *Cavalo Amarelo* e *Dulcinéia Vai à Guerra*, na Bandeirantes, foram feitas nessa época.

O programa de culinária chamava-se *Boca do Forno* e, quando mudou para a Record, virou *À Moda da Casa*. Às sextas, levávamos um convidado especial para ser entrevistado e divulgar seus trabalhos, não para cozinhar.

Muita gente passou por lá, inclusive Lygia Fagundes Telles, que foi uma das primeiras. E meus convidados recebiam uma cesta recheada de produtos *Cica*. O programa acabou faz um tempão, mas ainda tem gente que vem me falar dele como se tivesse saído do ar na semana passada.

Com sua mãe, comemorando o Dia das Mães em seu programa, 1984

Capítulo XXIII

Meus Jovens Colegas

Tarde tranqüila em casa e toca o telefone. É uma repórter que quer saber qual ator me dá tesão. *"Até agora é Chico Martins"*, respondo rápido e logo escuto um *"Quem é ele?"* Educamente esclareço: *"Chico Martins é o meu marido. Se tivesse tesão por outro não estaria casada com ele há tanto tempo"*. Sem se dar por vencida, a moça começa a desfilar vários nomes de colegas. *"E o Tony Ramos?" "Se tivesse tesão pelo Tony eu me sentiria meio incestuosa"*. A garota insiste: *"E o Fagundes?"* para ouvir *"A mesma coisa, eu os conheci mocinhos"*. Ela achou engraçado e disse que eu respondi igual à Nicette Bruno. Nem perdi tempo em dizer que nada havia de original nisso, afinal Nicette e eu somos da mesma geração.

Se iniciante eu me deliciava dividindo o palco com os "monstros" Paulo Autran e Tônia Carreiro, graças às benesses da roda do tempo passei a acompanhar o surgimento de vários colegas. Uma das coisas boas de ser atriz é conviver com gente de várias gerações. Eu vi muita gente começando, bem garotinho. Um deles foi Osmar Prado, que tinha oito anos, quando fez o meu filho no teleteatro *A Herdeira de Ferlac*, na *TV Paulista*, canal 5. Depois veio Tony Ramos, que se tornou um dos meus grandes amigos, desde que contracenamos em *Nino, o Italianinho*.

Tony lembra de mim antes disso. Disse-me ele que uma vez, quando tinha 14 anos, tomou cora-

gem e foi bater na porta do *Oficina*, onde pediu para falar com o responsável. Levaram-no para uma sala, onde tinha uma mulher muito gorda sentada atrás de uma escrivaninha, que foi dizendo muito gentil: "Meu bem, agora não tem nada em vista. Deixa seu nominho, seu telefone e quando aparecer alguma coisa telefono para você". A gorda nunca telefonou e meu amigo jura que era eu, mas não lembro de nada.

O bacana é que ficamos amigos para sempre. Tony poderia ser meu filho, pois a mãe dele tem a minha idade.

Em 1972, Paulo Autran e eu interpretamos os pais de um rapaz magrinho e cabeludo, que se chamava Fabio D'Ayrosa, no teleteatro *Um Pássaro no Meu Ombro*, na *TV Cultura*. Com o tempo, ele mudou de nome e ficou famoso como Fábio Júnior. No elenco de *Natal na Praça*, que fiz nos anos 90, estava o Caio Blat, que tinha 14 anos e interpretava vários papéis, entre eles o anjo da anunciação e Jesus menino.

Sou uma pessoa de muitas amizades, daquelas que cultivam amigos como se rosas fossem. Algumas de minhas amigas foram colegas de escola, isso dá uma idéia de há quantos anos nos conhecemos. Também tem as colegas de profissão que viraram amigas queridas, como Miriam Mehler, Elizabeth Hartman, Walderez de Barros e Irene Ravache, uma turma que foi se tornando íntima a partir dos corredores da *Tupi*. Lembro de Irene vivendo a mulher do Chico na novela *Toninho on The Rocks* e sempre que me encontrava dizia assim: *"Ai, o teu marido tem uma mãozinha seca"*.

Capítulo XXIV

O Ataque das Varejeiras

No comecinho dos anos 80, estive no elenco de *Oito Mulheres*, que tinha direção do Kiko Jaess. Essa peça virou filme do diretor François Ozon, com Catherine Deneuve e outras importantes atrizes do cinema francês. Nosso espetáculo também tinha um ótimo elenco: Carmem Silva, Célia Biar, Solange Couto (magrinha e com um corpo escultural) e Wanda Stefânia, como uma das meninas. Eu interpretava a solteirona chata e divertida ao mesmo tempo e foi uma temporada cheia de tombos.

Oito Mulheres foi encenada no Teatro Hilton, que naquela época tinha um palco muito estreito. No cenário, reinava uma bandida de uma poltrona toda cheia de detalhes que caia toda vez que eu sentava.

O Dia em Que Raptaram o Papa, do João Bettencourt, meu trabalho seguinte, também teve trapalhadas. Que graça de peça é essa. É a história de um motorista de táxi novaiorquino que perde o filho único na Guerra do Vietnã. Por um acaso, o Papa vai parar no seu carro e ele resolve seqüestrá-lo. O preço do resgate é um dia de paz no mundo. O papa acaba trancado na despesa da casa do homem e até adere à causa, mas as coisas se complicam com a entrada em cena do arcebispo e de um rabino. Dionísio Azevedo interpretava o papa, o chofer era o Luis Carlos Arutin, eu fazia a mulher dele, Teresa Teller e Jorge Otto eram meus filhos e Henrique Cesar, o Rabino.

Um armário de cozinha cheio de pratos provocou um incidente já na noite de estréia. Esqueceram de prendê-lo na parede e na hora em que me encostei, o trombolho veio ao chão, quebrando toda a louça que tinha dentro.

Fazer o quê num momento desses? Resolvi pedir socorro a meus filhos da ficção: "tragam vassouras que essa porcaria do armário caiu". Logo, Terezinha e Otto estavam em cena e fizemos uma limpeza. Gozado é que teve gente que acreditou que aquilo fizesse parte do espetáculo.

Adoro fazer comédia. Não rio em cena, não importa o que me aprontem. E olha que no *Papa* não faltaram casos divertidos. A peça foi encenada quando as obras do metrô estavam começando e tinham aberto um buraco imenso embaixo do Teatro Itália, onde nos apresentávamos. E não é que moscas varejeiras enormes resolveram contracenar conosco?

Quando o papa entrou em cena, as danadas começaram a pousar naquela imaculada roupa branca. Sem saber o que fazer, fui até a coxia e voltei com um jornal. Quando a mosca pousava em cima do santo homem eu dava com o jornal. O público morria de rir. Foi Zé Renato, o fundador do Arena, que dirigiu o espetáculo.

Capítulo XXV

As Férias do Sr. Florismal e Esposa

Andar de gôndola em Veneza com o amor da minha vida era um sonho antigo. Estive na cidade italiana duas vezes, a primeira com minha irmã e a outra com o pessoal do *Oficina*, mas queria voltar com meu marido e finalmente conseguimos viajar juntos para a Europa em 1982, pouco depois de completarmos vinte anos de casados. Chegamos em Veneza quando caia um toró. Fomos para o hotel, a chuva fininha continuava e lá pelas sete da noite rumamos para o porto das gôndolas.

O lugar estava às moscas e os gondoleiros vieram correndo em nossa direção. Escolhido o homem que iria nos conduzir no passeio dos meus sonhos, pedi tudo que tinha direito, inclusive que ele cantasse durante o trajeto. Era primavera, mas estava frio e eu vestia um casacão.

Só nós andando de gôndola e quando chegamos perto da Ponte dos Suspiros, tinha um casal sentado lá em cima e ouvi a mulher dizendo em português para o acompanhante: "Nossa, que coisa mais cafona". Poucos momentos depois ela quase gritou: "É a Etty Fraser". Eram os tempos do programa de culinária e minha popularidade estava em alta. Depois encontramos com eles que estavam em lua-de-mel. O passeio de gôndola com meu marido foi uma maravilha e os pingos de chuva só contribuíram para elevar o clima romântico. Tinha valido a espera.

Em nossa primeira e única viagem juntos ao exterior, Chico e eu ficamos quarenta dias perambulando pela França, Itália, Inglaterra e Portugal. Nos quinze dias que ficamos na Inglaterra, vimos catorze peças e tem aquelas que nunca esqueço, como *The Pirates of Penzace*, principalmente porque o meu marido sempre ouvia o disco do espetáculo e cantava junto. Fomos conhecer a casa do Shakespeare em Straford Avon.

Apaixonada pela Inglaterra, queria apresentar o país ao meu marido. Como já conhecia os principais pontos turísticos e me cansava com facilidade, ele ficava liberado para ir sozinho nesses lugares e voltava sempre maravilhado, cheio de novidades para me contar. Nunca cansávamos de andar pelo Hyde Park, um dos meus lugares preferidos na cidade. Também guardo ótimas lembranças da exposição de flores no bairro de Chelsea. Sempre gostei muito de plantas e adoro fazer arranjo de flores. Tenho várias flores prediletas, mas uma quedinha especial por girassol, rosa, gérbera e orquídea.

Andávamos muito e certa tarde diante de um palácio em Veneza, Chico disse: *"Que vontade de entrar num lugar desses"*. Para nosso espanto, uma moça que estava atrás da gente falou assim: *"Não seja por isso, pode vir no meu"*. Era uma brasileira casada com o diretor do carnaval de Veneza e se chamava Judith Zancopé. E como um acaso nunca vem sozinho, quando voltei ao Brasil e precisei de um advogado para tratar da minha aposentadoria, no meio da conversa descobri que o homem era o pai da Judith. Esse mundo é mesmo pequeno.

Em Lisboa vivi deliciosos dias de "esposa do sr. Chico Martins". É que Chico tinha feito *Olhai os Lírios do Campo*, na *Globo*, onde vivia um personagem lindo, o Senhor Florismal, que roubava flores para dar às mulheres. Como a novela estava sendo exibida por lá, ele foi muito assediado. Eu, que ainda não tinha feito novela na Globo, não era conhecida pelos portugueses, virei a esposa do Chico. Ele adorou isso.

O jornal português *A Capital*, de 28 de maio de 1982, traz uma matéria com Chico intitulada *"Senhor Florismal incógnito em Lisboa"* e declarações deliciosas do meu marido, como essa: *"Venho de férias, nada de trabalho"*. E na capa, está estampada em letras grandes a notícia *"Sr. Florismal faz férias em Portugal"*, com uma foto grande do Chico, ocupando a metade do espaço destinado à manchete principal sobre a Guerra das Malvinas. Ah, tem uma coisa divertida: já contei que nessa viagem Chico e eu conhecemos o príncipe Charles. O que ainda não disse é que na casa onde estávamos, eram quatro argentinas e eu filha de argentino. Quando soube, o príncipe em tempos de Malvinas não resistiu a uma brincadeira: *"Tudo Argentina, tenho de ir embora"*.

Capítulo XXVI

Musas do Teatro

No começo dos anos 90, a AIDS começou a matar de um jeito absurdo e a classe artística foi muito atingida. Os atores passaram a se encontrar em velórios, hospitais e tinha sempre alguém pedindo dinheiro para enterrar fulano ou comprar remédio para sicrano. A situação era feia, o sindicato nunca teve dinheiro e alguma coisa precisava ser feita para ajudar nossos colegas. Tive a idéia de vender alguma coisa no teatro, que lembrasse o teatro e que ao mesmo tempo desse um dinheirinho. Alguém me indicou Jorge Brandão, que tinha uma fábrica de bijuterias e pedi que ele desenhasse um símbolo para nós. Jorge tinha ido aos Estados Unidos, onde se encantara com *O Fantasma da Ópera*. Na volta, fez uma porção de máscaras e não conseguiu vender pois ninguém sabia o significado delas, que representam Thalia e Melpomene, as deusas do teatro.

Ele me deu uma caixa desses brochinhos para levar em consignação. Irene Ravache estava com o Juca de Oliveira fazendo *De Braços Abertos* no teatro *João Caetano* e naquela noite nós vendemos 200 broches. Irene vendeu durante a temporada inteira. Depois passei a vender os broches para o público que lotava o *Teatro Záccaro* para assistir *Trair e Coçar é Só Começar*. Foi assim que, em fevereiro de 1994, surgiu o *Fundo de Ajuda à Classe Teatral* (*FACT*), com a missão de levantar fundos para ajudar os artistas que contraíram o vírus HIV. Elizabeth Hartman, Walderez de Barros, Miriam Mehler, Irene Ravache, Marcos Caruso e Chico Martins faziam parte do grupo fundador da associação, da qual eu me tornei presidente.

Mas eu precisava trabalhar e não tinha mais como perambular pelos teatros e resolvemos colocar meninos vendendo os broches nas portas das casas de espetáculo. Dávamos uma pequena ajuda de custo e chegamos a ter um voluntário em cada teatro vendendo os mimos que variavam de tamanho. Isso funcionou durante algum tempo, depois começaram a ocorrer coisas estranhas, como vários boletins de ocorrência, onde alguns de nossos "vendedores" alegavam terem sido roubados. Os broches pararam de ser vendidos e a partir daí a associação passou a depender da doação de colegas em boa situação financeira. Muita gente nos ajudou, como o Carlos Moreno, o garoto *Bombril*, que manda mensalmente uma boa quantia há 12 anos; e outros atores que recebem prêmios e doam o dinheiro para o fundo. Isso funcionou bem até 1999, quando fiquei doente e meu secretário ficou me ajudando. Agora, depois de 12 anos, degringolou completamente e a situação financeira do *FACT* é péssima. E tem muita gente que diz: *"Ah, já comprei brochinho há muitos anos"*. Simplesmente não entendem que era uma ajuda e o broche, apenas um símbolo. Nos primeiros cinco anos vendemos 150 mil broches e durante esses doze anos de existência do *FACT* muita gente foi ajudada. Foi uma coisa feita com muito amor e carinho.

Capítulo XXVII

Do Arizona a São João do Meriti

Uma experiência inédita me aguardava em *Oeste*. De todos os espetáculos que fiz foi o único que assisti praticamente todo, em todas as representações. É que eu só entrava no finalzinho e ficava nos bastidores, me preparando e assistindo os meus colegas. O papel pode ter sido pequeno, mas me rendeu o prêmio *Mambembe* daquele ano.

Eu nunca tinha lido nada do Sam Shepard, quando o Marco Ricca, que conheci na montagem anos 90 de *Os Pequenos Burgueses*, me trouxe *Oeste*. Adorei. É um texto denso, oito ou nove cenas, entre dois irmãos: um roteirista de cinema de Hollywood (Fábio Assunção) e um jogador (Otávio Muller). Eles estão na casa da mãe no deserto do Arizona e falam o tempo todo dessa mulher, que só entra em cena no último quadro e aparece uns dez minutos.

Eu adorava contracenar com Fábio, Otávio e Oswaldo Mendes. Viajamos com o espetáculo e em Curitiba teve uma apresentação meio diferente. A peça começava com Fábio sentado no escuro, iluminado só por uma vela e escrevendo à máquina. Tinha música e barulho de grilos. Na noite de estréia no *Teatro de Arame* de Curitiba, debaixo de uma chuvarada, os grilos lá de fora começaram a responder à gravação. Era uma sinfonia de grilos.

"Nossa, tanto papel bom. Tomara que me convidem". Foi isso que pensei depois de assistir uma leitura de *Porca Miséria*, que Marcos Caruso e Jandira Martini tinham acabado de escrever. Mas isso não aconteceu, pois a peça foi encenada pelo Caruso e Jandira com o pessoal que tinha se formado junto com eles na *EAD*. Eu tinha ficado encantada com uma italiana, que a Miriam Muniz representou. Anos depois, quando remontaram o espetáculo, chegou a minha vez e fui convidada para fazer um dos papéis.

O sucesso *Porca Miséria* falava de famílias de italianos do Bexiga, que vieram para o Brasil trabalhar nas lavouras, enriqueceram e depois perderam tudo. Minha personagem era uma vizinha dessa família, que estava sempre na casa deles. Esperando para entrar em cena, morria de rir, principalmente com aquela cena do Caruso vestido de freira. Era no *Teatro Bibi Ferreira* e meu camarim ficava atrás do palco, para evitar as escadarias que davam acesso aos dos meus colegas, e eu passei meses lá ouvindo as músicas do Adoniran Barbosa, que tocavam antes do espetáculo começar.

Logo depois de *Porca Miséria* fui para o Rio participar de *Torre de Babel*, que foi minha primeira novela na *Rede Globo*. Já tinha recebido outros convites, mas alguma coisa sempre emperrava. Silvio de Abreu precisava de alguém com o meu tipo para fazer a tia da Claudia Gimenez e me pediu para aceitar seu convite dessa vez. Meu marido ia fazer o papel do mordomo e contracenar comigo, mas não aceitou o salário que lhe ofereceram, e o personagem foi para Carvalhinho, que já era contratado da emissora. A novela foi ótima e convivi alguns meses com uma turma ótima: Cleyde Yaconis, Vitor Fassano e Claudia. Quando acabou a novela tive uma embolia pulmonar. Foram 90 viagens de avião e isso contribuiu para minha doença.

O negócio foi brabo. Fiquei um mês na UTI e depois um ano de cama em casa, com duas enfermeiras me acompanhando. Ficava na cama o tempo todo e não podia fazer nada. Fui salva pelo gongo e por uma médica maravilhosa, a Dra. Iara Ficks, do Hospital São Luiz.

Ela conseguiu até acabar com a bronquite asmática que eu tinha desde criança. Foi uma fase terrível e sempre me perguntam em que eu pensava. Ora, só pensava em ficar boa, em sair daquela situação.

Em março de 2004, volto à *Globo* e ao Rio para as gravações da minissérie *Um Só Coração*, de Maria Adelaide Amaral e Alcides Nogueira. Dessa vez preferi evitar a ponte aérea e fiquei na minha terra natal durante um mês e meio, o tempo que durou minha participação. Fiquei encantada com Ita Brucker, uma personagem marcante, apesar das poucas aparições.

Judia russa, Ita morava na pensão para onde vem uma família de judeus alemães, cujo patriarca era interpretado pelo meu vizinho e amigo Sérgio Viotti.

Oito horas da manhã e o carro da *Globo* vem me pegar no hotel para uma gravação num cemitério de São João do Meriti. Era para ser uma gravação corriqueira e eu nem imaginava que estava indo em direção a um reencontro com minhas origens. Meu coração disparou ao chegar no local: Vila Rosalina, o mais antigo cemitério israelita da cidade, onde estavam enterrados meus avós maternos, Etta e Leão Akerman, que faleceram em 1929 e 1942, respectivamente. Fiquei tomada pela emoção, pois não ia lá fazia uns quarenta anos, desde uma viagem com meu marido, quando desviei o caminho para mostrar-lhe o local. No mármore preto do túmulo da minha avó está escrito Etta Akerman, com a minha letra, a minha letra dos tempos do Mackenzie. Foi emocionante.

Capítulo XXVIII

O Prazer de Cruzar as Pernas

Quando tinha 19 anos e cursava o clássico, fiquei internada num spa daquela época, para perder peso. Perdi 20 quilos e fui do manequim 52 para o 46. Mas parecia que tinha ficado faltando um pedaço em mim e quatro meses mais tarde tinha engordado tudo de novo.

"Finalmente uma atriz gordinha no teatro brasileiro." Quem escreveu isso foi Décio de Almeida Prado na crítica de *A Vida Impressa em Dólar*, em 1961. A gordura nunca me impediu de fazer nada e mamãe dizia que era por isso que eu não emagrecia. Eu dizia *"sou gorda e sou feliz"*, mas hoje digo *"sou gorda, sou feliz, mas a gente tem que emagrecer por causa da saúde"*. É que com o tempo começam a aparecer as conseqüências do excesso de peso, que atrapalha a saúde.

Fiquei muitos anos nos 80 quilos, quando meu filho nasceu fui aos 100 e cheguei aos 125, meu peso máximo, quando passei a fazer programa de culinária. Depois da embolia pulmonar, a médica me disse que não queria que eu subisse além dos 80. E nunca subi. Mantenho o peso e descobri uma flexibilidade que eu não tinha, inclusive o prazer de cruzar as pernas. Não faço regime, eu simplesmente equilibrei a alimentação. Almoço bem, de noite como frutas e não fico com fome. E quando vou assistir a peça dos amigos e vem o convite para comer uma pizza, como apenas uma fatia. Aprendi a comer sem gula.

"Se você quiser ser gorda seja, mas seja uma gorda alinhada". Quem me disse isso foi minha mãe, nunca mais esqueci e me considero uma gorda alinhadíssima. Sempre gostei de vestidos mais largos, nunca justos, e no período em que estive mais gorda, usava caftans. Em 1975, a revista Claudia fez uma matéria de cinco páginas comigo posando com os caftans.

Capítulo XXIX

Nos Bastidores de *Durval Discos*

Foram muitos filmes nesses mais de quarenta anos de carreira, alguns interessantes, mas nenhum que tivesse me entusiasmado. Isso até pôr os olhos no roteiro de *Durval Discos*. Esperei, esperei e enfim tinha chegado a hora de fazer uma coisa boa no cinema, um papel maravilhoso. Conheci a diretora Anna Mulayert quando participei do curta *A Origem dos Bebês Segundo Kiki Cavalcanti*. O meu papel era uma diretora de escola que fala uma meia dúzia de palavras. No fim das filmagens, Anna me disse que um dia eu iria fazer um filme dela.

Passaram uns dois anos e ela me telefonou dizendo que ia me mandar um roteiro. E eu fiquei doida, a história era incrível e meu personagem maravilhoso. A espera continuou por mais uns dois anos, já que o filme teve uns vinte roteiros até chegar ao definitivo.

O processo de trabalho foi semelhante ao teatro, com laboratório e muito ensaio. Ary França, que representou o Durval, e eu começamos a ensaiar na casa da Anna, depois viemos para a minha e finalmente fomos para aquelas casinhas do bairro de Pinheiros, onde a história foi filmada. Eram três casas geminadas: uma era a moradia do Durval, a outra era a confeitaria e a do meio, a produção. Nos laboratórios, Ary e eu inventávamos as cenas entre mãe e filho. Uma das seqüências que mais gosto é a do almoço, quando Durval diz para a mãe que precisa arrumar uma empregada. Aquela cena é um primor.

Com Letícia Sabatella e Ary França em Durval Discos

A produção escolheu um sábado de manhã para filmar a cena do passeio de charrete na movimentada Av. Faria Lima. Antes, experimentamos a charrete e eu pedi que colocassem um braço para me apoiar. O menino que fazia o carroceiro era muito bom, um ator do Norte.

A gente ia cantando, gritando. Eu morria de medo quando aqueles ônibus enormes vinham em direção à charrete e quase encostavam em mim. A filmagem durou a manhã inteirinha.

As casinhas geminadas foram demolidas logo após as filmagens e a produção tinha permissão para fazer o que quisesse nelas, o que facilitou a filmagem de seqüências complicadas, como as que mostram o cavalo branco no interior da casa.

Como o animal entrou? Bom, eles fizeram um buraco bem grande pelo lado de fora da casa e puseram uma rampa por onde o cavalo subiu. O cavalo era muito dócil, se comportou muito bem e só fez cocô no ensaio. Quando filmamos, foi um ator perfeito.

Ganhei o prêmio de melhor atriz no Festival de Cinema de Recife e o filme ganhou sete kikitos no Festival de Gramado.

Capítulo XXX

Sob o Domínio da Paixão

Acho que a primeira vez que fui ao teatro foi para assistir a uma peça da Dulcina de Morais, mas também pode ter sido uma do Procópio Ferreira. Agora, o primeiro espetáculo que me marcou foi *À Margem da Vida*, no *TBC*. É que no elenco estava Caio Caiuby, que era meu querido professor de português no colégio. Assisti várias vezes *À Margem da Vida*. Era freqüentadora assídua do *TBC*, que era considerado teatro da alta burguesia. Lembro muito bem das matinês de quinta, quando eles sorteavam meias de nylon e perfume francês.

Foram tantos os espetáculos, mas é impossível esquecer *Pega-Fogo*, que assisti umas cinco vezes. Cacilda Becker, para mim, era uma coisa do outro mundo e nessa peça ela fazia o papel de um menino e a gente jurava que era mesmo um menino quem estava em cena.

Apenas seguindo o critério da memória, me vem cenas de espetáculos inesquecíveis, como *A Alma Boa de Tsé-Suan*, com Maria Della Costa; *My Fair Lady*, com Paulo Autran e Bibi Ferreira; *Eles Não Usam Black Tie*, com atuação inesquecível da Lélia Abrahmo, que acabou de falecer.

Sempre fui fã de Chico Martins, que era um grande ator, daqueles capazes de pegar um papel pequeno e transformar numa grande atuação. Estivemos juntos na maioria das peças, mas como espectadora tive o prazer de assistí-lo deslumbrante em espetáculos como *Andorra*, onde Chico dava show como um débil mental que não falava porque tinham lhe cortado a língua e na comédia de humor negro *Um, Dois, Três de Oliveira Quatro.*

Quando leio uma peça, tenho que me apaixonar pela personagem. Se não me apaixono, não aceito fazer, nem que esteja morrendo de fome. Você tem que se sentir bem fazendo a personagem. A melhor peça para mim é sempre a que estou fazendo. Claro que guardo um carinho especial pela Akoulina de *Os Pequenos Burgueses*, a quem eu representei milhares de vezes. Mas também adorei fazer a Dona Cesarina, de *O Rei da Vela*, que é completamente diferente. Tem uma coisa: adoro todos os personagens que interpretei e nunca fiz uma peça que não tenha gostado.

Meu processo de criação é simples: leio a personagem e vejo se tem alguma coisa a ver comigo. Quando começam as leituras de mesa aparecem os conflitos entre os personagens. Não tem muita dificuldade.

Tive sorte e sempre me dei bem com os diretores que trabalhei. Nunca tive problema com diretor. Sempre obedeci muito a palavra deles, claro que podia criar o que quisesse, mas preferia ir pela cabeça deles. O que eles estão querendo mostrar com a direção deles é uma coisa muito importante. Zé Celso, Amir Haddad, Antunes Filho, Antonio Abujamra, Augusto Boal, Flavio Rangel, Zé Renato, Kiko Jaess, Roberto Vignatti, Jorge Takla, Marco Ricca, Gianni Ratto, Eduardo Tolentino: como tinha me dito Madame Morineau, esses homens foram minha escola de teatro. Com cada um deles aprendi alguma coisa.

Capítulo XXXI

A Importância de Ser

Depois de quatro anos longe dos palcos, voltei em 2002 com *A Importância de Ser Fiel*, comédia deliciosa produzida pelo *Grupo Tapa,* com direção do Eduardo Tolentino. *"Ah, bem que podiam me chamar para fazer a professora, a preceptora"*, disse para meu marido, que já trabalhava com o *Tapa* fazia alguns anos. E naquela noite o Tolentino ligou me convidando. Aceitei na hora. É como disse a Barbara Heliodora, aquela personagem foi escrita para mim. O elenco era maravilhoso e nos demos muito bem. Eu nunca tinha trabalhado com a turma do *Tapa* e nem com Nathália Timberg. Gracinha de pessoa e colega exemplar, Barbara Paz interpretava minha pupila e me deu aquela força. Tinha dificuldades para decorar e quando começamos a ensaiar, esquecia uma frase, ela ia em cima e me ajudava. Eu dizia para ela fazer isso o tempo todo e Barbara repetia as minhas frases do jeito que ninguém percebesse. Quando contracenávamos e ela via que eu ia errar a frase, dizia aquilo como se eu vivesse repetindo aquela fala umas vinte vezes por dia. Barbara me ajudou muito. Chico fazia o papel do meu namorado. No final da peça, todo mundo se beijava, menos eu. Pedi ao Tolentino para terminar a peça com um beijo também. Eu adorava essa peça, que tinha assistido com o Sérgio Cardoso. Foi a última peça que fiz com meu marido Chico Martins, com beijinho em cena e tudo mais.

Com Chico Martins e...

No começo de 2003, com a saúde debilitada, Chico teve de sair da peça. Continuei com o grupo, inclusive em algumas viagens ao Sul.

Na Páscoa, estávamos em Porto Alegre e a saúde do meu marido se agravou. Voltei para casa e ficamos juntos até o fim. Quando Chico partiu, pensei que iria junto. Mas a vida é cheia de mistérios e a gente acaba se conformando. Sinto a presença dele a cada instante.

... o elenco de A Importância de Ser Fiel

Tudo que sonhei ter na minha vida eu tive. Casei com um homem maravilhoso, tive um filho que não me deu trabalho nenhum, venci na minha carreira, tive uma infância muito feliz.

Eu me acho muito privilegiada. Aos 72 anos, fiz tudo que eu queria fazer na minha vida. Fui muito feliz e sou muito feliz. Eu tinha tanta certeza de que isso ia acontecer comigo. Que bom que aconteceu.

Aqui em casa tem um vaso com uma seringueira ornamental que nós ganhamos no dia em que nos casamos, há 42 anos atrás. Sempre adoramos essa seringueira e ela nos acompanhou na nossa vida. Quando Chico partiu, ela estava batendo no teto. A gente podava mais ou menos a cada quatro anos e dava as mudas para os nossos amigos. Alguns anos atrás, Chico deu uma muda para cada um de nossos vizinhos. A seringueira está linda e faceira aqui na minha sala, enquanto seus galhos transformam-se em outras árvores nas casas das pessoas a quem amamos. Acho isso lindo.

Teatro

2003 - *A Importância de Ser Fiel* (Participação especial, como Miss Prism)
de Oscar Wilde - Direção: Eduardo Tolentino
Elenco: Nathalia Timberg (Lady Bracknell), Dalton Vighi (Algernon Moncrieff), Barbara Paz (Cecilia), Brian Penido (John Worthing), Eloisa Cichowitz (Gwendolen FairFaz), Guilherme de Sant´Anna (Lane e Merriman), Chico Martins (Rev. Canon Chasuble)

1998 - *Porca Miséria* (como atriz convidada)
de Jandira Martini e Marcos Caruso. Direção: Gianni Ratto
Elenco: Jandira Martini, Marcos Caruso, Noemi Gerbelli, Miguel Magno, Carlos Mariano, Simon Boer, José Scavazani, Renato Consorte

1997 - *Oeste* (Prêmio Mambembe, como a Mãe)
de Sam Shepard - Direção: Marco Ricca
Elenco: Fabio Assunção (Austin), Otávio Müller (Lee), Oswaldo Mendes (Saul)

1994 - *Natal na Praça*
de Henri Ghéon - Direção: Oswaldo Mendes
Elenco: Chico Martins, Nelson Baskerville, Ana Bach, Caio Blat.

1990 - *Os Pequenos Burgueses* (como Akoulina)
de Maximo Gorki - Direção: Jorge Takla
Elenco: Miriam Mehler (Tatiana), Ligia Cortez (Polia), Marco Ricca (Piotr), Renato Borghi (Bessemenov), Chico Martins (Pertchikin), Francarlos Reis (Terent), Célia Helena (Elena), Marco Antonio Rodrigues (Nil)

1983 - *Oito Mulheres* (como Augustine)
de Robert Thomas - Direção: Kiko Jaess
Elenco: Célia Biar (Gabi), Carmem Silva (Mamy), Wanda Stefânia (Suzana), Andréa Leão (Monique), Myriam Pérsia (Pierrete), Liana Duval (Chanel), Solange Couto (Louise)

1981 - *O Dia em que Raptaram o Papa* (Prêmio Mambembe, como Sara)
de João Bethencourt - Direção: José Renato

Elenco: Luiz Carlos Arutin (Samuel Leibowitz), Dionísio Azevedo (Papa Alberto IV), George Otto (Davi, o filho), Tereza Teller (Miriam, a filha), Henrique César (Rabino Julius Meyer), Oswaldo Barreto (Cardeal O´Hara)

1978 - *No Sex Please* (como Eleanor Miller)
de Anthony Marriott e Alistair Foof - Direção: Flávio Rangel
Elenco: Marcio de Luca (Peter Miller), Miriam Lins (Frances Miller), Francarlos Reis (Brian Gale), Chico Martins (Leslie Bennett), Josmar Martins (comissário), Carlos Martins (entregador), Abrahão Farc (Arnold Morley), Yara Marques (Susana), Cinira Camargo (Bárbara)

1977 - *Os Pequenos Burgueses* (como Akoulina)
de Maximo Gorki - Direção: Renato Borghi
Elenco: Theresa Amayo (Tatiana), Juçara de Morais (Pólia), Renato Borghi (Piotr), Abrahão Farc (Bessemenov), Beatriz Berg (Sepanida), Chico Martins (Pertchíkin), Raul Cortez

(Teteriev), Ester Góes (Elena), Carlos Alberto Riccelli (Nil), Tereza Freitas (Izvetaieva), Elifas Andreato (Chíchkin)

1975 - *O Duelo* (como Mariana)
de Bernardo Santareno - Direção: Roberto Vignati
Elenco: Antonio Fagundes, Maria Isabel de Lisandra, Ruthinéia de Morais, Eugênia de Domenico, Denise Stoklos, Clemente Viscaíno, Eleu Salvador, Agenor Vernin

1974 - *Da Necessidade de Ser Polígamo*
de Silveira Sampaio - Direção: Jayme Barcelos
Elenco: Jayme Barcelos, Ewerton de Castro, Jussara Freire.

1974 - *Fidder on the Roof / Um Violinista no Telhado* (como Goldie)
de Joseph Stein e Jerry Bock. Direção: Oswaldo Loureiro
Elenco: Renato Dobal (o violinista), Oswaldo Loureiro (Tevie, o leiteiro), Maria Helena Dias (Tseitl), Julia Miranda (Chava), Vanda Estefânia

(Shprintze), Nilda Maria (Hodl), Maria Helena Fayh (Beilke), Riva Nimitz (Jente, a casamenteira), Fernando Reski (Motl, o alfaiate), Ivan Setta (Perchik, o estudante), Emanuelle Siervo (Leizev, o açougueiro), Roberto Azevedo (Mordcha, o taberneiro), Mariam de Castro (O rabino), Tony Ferreira (Mendl, filho rabino), Roberto Miranda (Avrum, o livreiro), Zé Coió (Nahum, o mendigo), Salomé Parisio (Fruma Sara), Francisco Dantas (o policial), Ari Moreira (Fiedka), Kito Pizano (Sasha), Lidia Vani (Sheindl, mãe do alfaiate), Edson Guimarães (Shloime, o bagageiro), Angelo de Marcus (Itzik, o vendedor ambulante), Francisca Burza (Berile), Cleo Ventura (Mírale), Enrique Amoedo (Iussl, o chapeleiro)

1972 - *A Capital Federal* (em participação especial)
de Arthur Azevedo - Direção: Flávio Rangel - Produção: Cleyde Yaconis
Elenco: Suely Franco (Lola), Lutero Luiz (Euzébio), Laerte Morrone (Figueiredo), Neuza

Borges (Benvinda), Fernando Reski (Gouveia), Chico Martins (Rodrigues), Carlos Koppa (Lourenço), Eliana Rocha (Blanchete), Tamara Taxman (Dolores), Anamaria Barreto (Quinota), Roberto Azevedo (Gerente), Carlos Alberto Riccelli (Duquinha), Francarlos Reis (Mota), Sônia de Paula (Juquinha), Geisa Gama (Senhora), Régis Monteiro (Primeiro literato), Ricardo Blat (Segundo literato), Odilon Wagner (Inglês), Vander de Castro (Proprietário), Célia Maracajá (A Outra Mulata), Maria Celina (Solteirona), Michele Naili (Modista), Míriam e Sônia Goldfeder (As Gêmeas), Vera Buono (Mãe das gêmeas), Adelmo Rodrigues, Walter Breda e Naida Martins (Diversos papéis)

1969 - *Macbird* (como Lady Macbird)
de Barbara Garson - Direção: Augusto Boal - Direção Musical: Julio Medaglia
Elenco: Renato Consorte (Macbird), Cecília Thumim (Bruxa estudante), Luiz Carlos Arutin (bruxa operário), Benedito Silva (bruxa pantera negra), Zanoni Ferrite (John Ken

O´Dune), Umberto Magnani (Edward Ken O´Dune), Ana Mauri (filha 1), Cecília Thumim (filha 2), Luis Serra (Conde de Warren), Chico Martins (Lord Stevenson), José C. Perri (Lord Macnamara), Paco Sanches (cupincha), Edson Soler (guarda), Ana Mauri (secretária)

1967 - *O Rei da Vela* (como Dona Cesarina e baiana)
de Oswald de Andrade - Direção: José Celso Martinez Correia - Cenário e Figurinos: Hélio Eichbauer
Elenco: Renato Borghi (Abelardo I), Fernando Peixoto (Abelardo II), Chico Martins (cliente), Liana Duval (secretária), Itala Nandi (Heloisa de Lesbos), Edgar Gurgel Aranha (intelectual Pinote), Edgar Gurgel Aranha (Totó fruta do conde), Dirce Migliaccio (Dona Polaca), Liana Duval (Joana, João dos Divans), Chico Martins (Cel. Belmiro), Abrahão Farc (americano), Otávio Augusto (Perdigoto), Renato Dobal (Índio), Adolfo Santanna (ponto), Otávio Augusto (apresentador)

1967 - *Quatro Num Quarto* (como Constantine)
de Kataiev - Direção: José Celso Martinez Correira
Elenco: Fernando Peixoto (Vassia), Ítala Nandi (Ludmila), Dirce Migliaccio (Tânia), Renato Borghi (Abrão), Chico Martins (Yemelian)

1966 - *Os Inimigos* (*Molière, Saci, APCT* e *Governador do Estado* de melhor atriz coadjuvante, como Polina, esposa de Zakhar)
de Maximo Gorki - Tradução e adaptação: Fernando Peixoto e Zé Celso Martinez Correia
Direção: Zé Celso - Cenário e figurinos: Fernando Peixoto - Trilha Sonora: Chico Buarque de Holanda
Elenco: Francisco Martins (Pológui, empregado da fábrica), Libero Ripoli Filho (Kogne, soldado a serviço do general), Edith Mondego (Agrafêna, criada), Ednei Giovenazzi (Yácov, irmão de Zakhar, marido de Tatiana), Eugênio Kusnet (general reformado, tio de Zakhar e Yácov), Rolando Boldrin (Mikhail, sócio de Zakhar, irmão de Nikdai), Jairo Arco e Flexa

(Sintzóv, empregado da fábrica), Mauro Mendonça (Nikolai, promotor, irmão de Mikhail), Lineu Dias (Zakhar, sócio de Mikhail), Célia Helena (Tatiana, atriz, esposa de Mikhail), Paulo Villaça (Grékov, operário), Silvio Rocha (Lievchin, operário), Otávio Augusto (Chefe de polícia), Heitor D'Owyer (Riabtzóv, operário), Abrahão Farc (Raboiédov, capitão), Flavio Porto (Akimov, operário)

1963 - *Os Pequenos Burgueses* (como Akoulina)

de Máximo Gorki - Tradução e adaptação: Fernando Peixoto e José Celso Martinez Correia - Direção: José Celso Martinez Correira
Elenco: Célia Helena (Tatiana), Nilda Maria (Polia), Renato Borghi (Piotr), Eugênio Kusnet (Bessemenov, Vassili assiliev), Moema Brum (Stepanida), Libero Ripoli Filho (Pertchikin), Raul Cortez (Teteriev), Liana Duval (Elena Nikolaievna), Fernando Peixoto (Chichkin), Ítala Nandi (Tzevetaieva), Ronaldo Daniel (Nil)

1962 - *Zé, do Parto à Sepultura* (como Mãe) de Augusto Boal - Direção: Antonio Abujamra Músicas: Roberto Ribeiro
Elenco: Célia Helena (avó), Francisco Martins (pai), Wolfram Gunther (professor), Ronaldo Daniel (padre), Fauzi Arap (José), Jairo Arco e Flexa (sargento e patrão), Emilio Di Biasi (marechal), Clóvis Bueno (operário e garçon), Dora Miari (Maria), J.A.Uriartt e Clóvis Bueno (peludos)

1961 - *Awake and Sing / A Vida Impressa em Dólar* (como Bessie Berger)

de Clifford Odets - Direção: José Celso Martinez Correia - Cenários e figurinos: Napoleão Moniz Freire
Elenco: Francisco Martins (Myron Berger), Eugênio Kusnet (Jacob), Célia Helena (Hennie Berger), Renato Borghi (Ralph Berger), James Colby (Schlosser), Jairo Arco e Flexa (Moe Axelrod), Fuad Jorge (Tio Abe), Fauzi Arap (Sam Feinschreiber)

1961 - *As Feiticeiras de Salém* (como Mercy) de Arthur Miller - Direção: Antunes Filho

Cenários e figurinos: Maria Bonomi
Elenco: Felipe Carone (Reverendo Paris), Rosa Maria Munari (Betty Paris), Jacyra Sampaio (Tituba), Glória Menezes (Abigail Williams), Arabela Bloch (Suzana Walcott), Maria Celia Camargo (Ann Putnam), Norman Roit (Thomas Putnam), Miriam Mehler (Mary Warren), Mauro Mendonça (Proctor), Dina Lisboa (Rebecca Nurse), Elias Gleiser (Giles Corey), Marcus Vinicius (Reverendo Hale), Lea Surian (Elizabeth Proctor), Francisco Martins (Francis Nurse), Roque Rodrigues (Ezekiel Cheever), Sergio Marques (Herrick, ouvidor), Sergio Albertini (Juiz Hathorne), Paul Hatheyer (delegado Danforth), Ilema de Castro (Sarah Good), Paulo Barreto (Hopkins), Rubens Josué (Funcionário)

1960 - *Calúnia* (como Mildred Wells)
de Lilian Hellman - Direção: Adolfo Celi
Elenco: Ada Hell (Peggy Rogers), Monah Delacy (Mrs. Lily Mortimer), Neide Moraes (Evelyn Munn), Maria Amélia Ferreira (Helen Burton), Monica Joseph (Lois Fisher), Yvi

Fernandes (Mary Tilford), Tônia Carrero (Karin Taylor), Margarida Rey (Martha Dobie), Paulo Autran (Dr. Joseph Cardin), Renée Bell (Agatha), Suzana Negri (Mrs. Silvia Tilford), Renato Dobal (o entregador), Gina Rinaldi (Catherine), Tina Rinaldi (Rosalie)

1960 - *Seis Personagens à Procura de um Autor* (como Dama Central)
de Luigi Pirandello - Direção: Adolfo Celi
Elenco: Paulo Autran (o pai), Margarida Rey (a mãe), Tônia Carrero (a enteada), Oswaldo Loureiro (o filho), Renato Dobal (o menino), Maristela Varela (a menina), Renée Bell (madame Pace), Geraldo Matheus (o diretor), Carlos Kroeber (o assistente), Laercio Lourelli (1° ator), Monah Delacy (1ª atriz), Madalena Loureiro (a ingênua), Terezinha A. Pereira (2ª atriz), Donato Donati (2° ator), Silvio Castanheira (3° ator), Julio Varela (4° ator), Elias Contursi e Luiz Piccini (maquinistas), José Afonso (o eletrecista), Manoel Lopez (o diretor de cena)

1959 - A Incubadeira (Melhor atriz no 2º Festival de Estudantes de Santos, como Alzira) de José Celso Martinez Correia - Direção: Amir Haddad
Elenco: Edsel Britto (Olmito), Renato Borghi (Tarciso), Maria Alice Almeida (Veroca), Dora Miari (Gusta), Clóvis Beznos (Bob), Marco Antônio Rocha (Marcelo), José Haroldo Silveira (Paulinho), Jairo Arco e Flexa (Miltão)

Televisão

2004 - *Um Só Coração* (como Ita Brucker) minissérie de Maria Adelaide Amaral e Alcides Nogueira
Elenco: Ana Paulo Arósio, Edson Celulari, Sergio Viotti, Etty Fraser, Helena Ranaldi, Débora Falabela, Murilo Rosa, Carlos Vereza, Marcelo Anthony - TV Globo

1998 - *Torre de Babel* (como Sarita) de Silvio de Abreu
Elenco: Tony Ramos, Adriana Esteves, Maitê

Proença, Glória Menezes, Cleyde Yaconis, Claudia Gimenez, Vitor Fassano, Carvalinho - TV Globo

1980 - *Dulcinéia Vai à Guerra* (como Elisa)
de Sérgio Jockyman
Elenco: Dercy Gonçalves, Renata Fronzi, Paulo Gonçalves, Nicole Puzzi, Maria Fernanda, Hélio Souto, Bete Mendes, Agnaldo Rayol, Sônia Oiticica, Sandra Barsotti, Arlindo Barreto, Jacques Lagôa - TV Bandeirantes

1980 - *Cavalo Amarelo* (como Elisa)
de Ivani Ribeiro
Elenco: Dercy Gonçalves, Yoná Magalhães, Fúlvio Stefanini, Wanda Stefânia, Jorge Dória, Rodolfo Mayer, Kito Junqueira, Márcia de Windsor, Rolando Boldrin, Carminha Brandão, Newton Prado, Regina Dourado, Carmen Monegal, Aldo César, Jacques Lagôa - TV Bandeirantes

1978 - *Salário Mínimo* (como Letícia)
de Chico de Assis

Elenco: Nicette Bruno, Edney Giovenazzi, Lilian Lemmertz, Hélio Souto, Ewerton de Castro, Maria Isabel de Lizandra, Ênio Gonçalves, Elias Gleizerm Laerte Morrone, Paulo Hesse, Sílvia Leblon, João Signorelli, Bárbara Bruno, Edson Celulari, Tereza Teller - TV Tupi

1977 - *Tchan! A Grande Sacada* (como Madame Duducha)
de Marcos Rey
Elenco: Raul Cortez, Nádia Lippi, Sílvia Massari, Lilian Lemmertz, Joana Fomm, Herson Capri, Yolanda Cardoso, Antonio Petrin, Ruthinéia de Moraes, Fausto Rocha, Annamaria Dias, Kito Junqueira, Elizabeth Gasper, Carlos Koppa, Plínio Marcos - TV Tupi

1976 - *Os Apóstolos de Judas* (como Evelyn)
de Geraldo Vietri
Elenco: Jonas Mello, Berta Zemel, Márcia Maria, Laura Cardoso, Wilson Fragoso, Kate Hansen, Dina Lisboa, Chico Martins, Paulo Figueiredo, João José Pompeo, Marisa Sanches, Solange Theodoro, Glória

Nascimento, Roberto Rocco, Sadi Cabral - TV Tupi

1975 - *Meu Rico Português* (como Frida)
de Geraldo Vietri
Elenco: Jonas Melo, Márcia Maria, Dina Lisboa, Cláudio Correia e Castro, Elizabeth Hartmann, Arlete Montenegro, Wilson Fragoso, Marisa Sanches, Maria Estela, Ruthinéa de Moraes, Gilmara Sanches, Flávio Galvão, Paulo Figueiredo, Chico Martins, Flamínio Fávero, Olney Cazarré, Walter Prado, Glaude Graieb, Leonor Navarro - TV Tupi

1974 - *O Machão* (como Mimosa) de Sergio Jockyman
Elenco: Antonio Fagundes, Maria Isabel de Lizandra, Irene Ravache, João José Pompeo, Elias Gleizer, Edgard Franco, Joh Herbert, Flávio Galvão, Liza Vieira, Liana Duval, Yara Lins, Paulo Hesse, Ruthinéa de Moraes, Riva Nimitz, Clarisse Abujamra, Walderez de Barros, Teresa Sodré, Abrahão Farc, Suzi Camacho - TV Tupi

1973 - *Vitória Bonelli* (como Hipólita) de Geraldo Vietri
Elenco: Berta Zemel, Carlos Alberto Riccelli, Annamaria Dias, Flamínio Fávero, Carmen Monegal, Claudia Mello, Carlos Augusto Strazzer, Yara Lins, Ivan Mesquita, Ruthinéa de Moraes, Paulo Figueiredo, Dina Lisboa, Graça Melo, Elizabeth Hartmann, Gian Carlo, Marcos Plonka, Luís Carlos Arutin, Walter Forster, Raul Cortez - TV Tupi

1970 - *Simplesmente Maria* (como Pierina) de Benjamin Cattan, baseado em original de

Rosamaria Gonzales
Elenco: Yoná Magalhães, Carlos Alberto, Irene Ravache, Ênio Gonçalves, Walderez de Barros, Wilson Fragoso, Tony Ramos, Kate Hansen, Claudia Mello - TV Tupi

1969 - *Nino, O Italianinho* (como Adelaide)
de Geraldo Vietri
Elenco: Juca de Oliveira, Aracy Balabanian, Miriam Muniz, Bibi Vogel, Wilson Fragoso, Dina Lisboa, Dirce Migliaccio, Marisa Sanches, Tony Ramos, Denis Carvalho, Paulo Figueiredo, Gian Carlos, Carlos Alberto Riccelli, Annamaria Dias, Elias Gleizer - TV Tupi

1968 - *Beto Rockfeller* (como Madame Waleska)
de Braulio Pedroso
Elenco: Luiz Gustavo, Débora Duarte, Bete Mendes, Irene Ravache, Walter Forster, Maria Della Costa, Ana Rosa, Plínio Marcos, Marília Pera, Rodrigo Santiago, Jofre Soares, Eleonor Bruno, Walderez de Barros, Lima Duarte - TV Tupi

1966 - *Ninguém Crê em Mim*
de Lauro Cesar Muniz
Elenco: Flora Geny, Altair Lima, Raul Cortez, Etty Fraser, Renato Borghi, Débora Duarte, Paulo Figueiredo - TV Excelsior

Cinema

2003 - *Cristina Quer Casar* (Participação especial, como a mulher da confeitaria)
direção Luis Villaça
Elenco: Denise Fraga, Marco Ricca, Fábio Assunção

2002 - *Durval Discos* (Melhor atriz no Festival de Recife, como Carmita)
direção Ana Mulayert
Elenco: Ary França, Marisa Orth, Letícia Sabatella, Rita Lee

1981 - *O Homem do Pau Brasil* (como Olívia)
direção Joaquim Pedro de Andrade
Elenco: Itala Nandi, Flavio Galvão, Regina

Duarte, Cristina Aché, Dina Sfat, Dora Pelegrino, Juliana Carneiro da Cunha, Miriam Muniz, Luis Linhares, Suzana de Morais, Paulo José, Grande Otelo, Othon Bastos, Nelson Dantas, Wilson Grey, Antonio Pitanga, Renato Borghi, Carlos Gregório, Xandó Batista, Fabio Sabag, Antonio Pedro, Arduíno Colassanti

1978 - *Dora Doralina,* direção Perry Salles
Elenco: Vera Fischer, Perry Salles, Fregolente, Miriam Mehler, Gracinda Freire, Cleyde Yaconis, Sonia Oiticica

1976 - *Macho e Fêmea,* direção Ody Fraga
Elenco: Jaime Barcelos, Vera Fischer, Mario Benvenutti, Liana Duval, Elizabeth Hartman, Silvana Lopes

1976 - *Senhora,* direção Geraldo Vietri
Elenco: Elaine Cristina, Paulo Figueiredo, Chico Martins, Ruthinéia de Morais, Yara Lins, Elizabeth Hartman, Sady Cabral

1975 - *Efigênia Dá Tudo o Que Tem*, direção Olivier Perroy

Elenco: Ricardo Petraglia, Nádia Lippi, Cinira Arruda, Laerte Morrone, Marilu Martinelli, Teobaldo

1974 - *O Supermanso*, direção Ary Fernandes
Elenco: Mario Benvenutti, Olney Cazarré, Older Cazarré, Maria Isabel de Lizandra, Nídia de Paula, Francisco Di Franco, Marlene França, Jussara Freire, Irene Ravache, Liza Vieira, Fausto Rocha

1973 - *Macho e Fêmea*, direção Ody Fraga
Elenco: Jayme Barcelos, Vera Fischer, Silvana Lopes, Liana Duval, Elizabeth Hartman.

1971 - *Diabólicos Herdeiros*, direção Geraldo Vietri
Elenco: Canarinho, Denis Carvalho, Paulo Figueiredo, Elias Gleizer, Xisto Guzzi, Elizabeth Hartman, Lucia Mello, Marcos Plonka, Tony Ramos, Ana Rosa, Bibi Vogel

1969 - *O Agente da Lei*, direção Ary Fernandes
Elenco: Juca Chaves, Ary Fontoura, Marlene França

1969 - *Em Cada Coração Um Punhal* - Episódio: *Transplante de Mãe*, direção Sebastião de Souza
Elenco: John Herbert, Liana Duval

1965
São Paulo S/A, direção Luis Sergio Person
Elenco: Walmor Chagas, Eva Wilma, Darlene Glória, Sergio Hingst, Kleber Macedo, Otelo Zeloni, Ana Esmeralda

Créditos das fotografias:
Todas as fotografias utilizadas pertencem ao acervo pessoal de Etty Fraser